Daddet Dat gibt glaubte ierndswann wohl jeda, abba wat Dat waa, dat is dat nämmich, wat die Leute total staak intressiat hat, abba dat werdeta ja alle no sehn, wat dat mit dat Dat alle so aufsich hat un dat ganze annerne Gedöns un wat denn auno alle füa schlimme Sachen passiert sinn un dat allet...

Lothar Schenk wurde 1954 in Borken, im westlichen Münsterland, geboren. Heute lebt der Autor in Südthüringen.

Lothar Schenk

Bibione 2

Satirische Erzählung

Books on Demand

Ausführliche Informationen über den Autor und seine Bücher finden Sie auf seiner Website
<u>lothar-schenk.jimdo.com</u>

© 2015 Lothar Schenk

Ähnlichkeiten mit noch lebenden oder bereits verstorbenen Personen sind nicht beabsichtigt und rein zufälliger Natur. Alle Personen und Handlungen in diesem Buch hat der Autor frei erfunden.

Herstellung und Verlag:
BoD - Books on Demand, Norderstedt
ISBN 978-3-7347-4671-0

Prolog

Ihr könnt euch bestimmt noch erinnern. Ich meine beim letzten Mal. Bibione. Der jährliche gemeinsame Sommer Urlaub. Und wie sie dann plötzlich bei ihrem Lieblingsitaliener reihenweise tot vom Stuhl gefallen sind. Nach der Salami Pizza. Und nach der Pizza mit dem Prosciutto. Die Maffia!!?? Ätsch! Falsch! Diesmal steckte nicht die Maffia dahinter. Da waren ganz andere Kräfte am Werk. Unheimliche außerirdische Kräfte, wie sich später herausstellen sollte. Aber es gab nicht nur die Bösen. Nein nein nein. Es gab auch die guten Außerirdischen, und die brachten dann auch die Rettung. Und natürlich die sprechenden Hunde, der Jacko, der Marc Aurel, der kleine schwule Joschi, das kleine dumme Peggylein und und und...und dann sollte man unbedingt noch berücksichtigen, wie wichtig Kleinsein sein kann, oder seht ihr das anders. Das Kleinsein war beim letzte Mal ja das Wichtigste überhaupt. Denkt an die nanokleinen Veganossi, die bösen und die guten, und wie begrüßt man seine guten Freunde, ganz klar, nicht mit der ganzen Hand wie ein Holzfäller, nein, immer nur mit dem kleinen Finger, und das wissen wir doch alle: Der Kleine ist wichtig! Und wie kann man nicht die Kleinen unterschätzen, denk nur mal das kleine dumme Peggylein, und dann hebst du sie vom Boden auf deinen Schoß und denkst so ein armes kleines struppiges Hunti und willst sie streicheln, und schnapp, schon hat sie dich am Hemd, und vorher knurrt sie noch ganz laut *Dummes Arschloch* bevor sie blitzschnell zuschnappt, und damit hat natürlich niemand gerechnet, dass so ein struppiges kleines hässliches Hündchen auch noch sprechen kann. Nee nee. Damit hat wirklich niemand gerechnet, aber ihr wisst ja wie die Geschichte beim letzten Mal ausging, aber damit ist der ganze Spuk nämlich noch lange nicht vorbei gewesen, auch wenn das fast alle beim letzten Mal schon gemeint hätten, und damit, ihr dürft gespannt sein, was jetzt nämlich alles noch kommt, also damit hätte bestimmt niemand gerechnet...

Irgendwo im Ruhrpott...

Daddet Dat gibt glaubte ierndswann wohl jeda, abba wat Dat waa, dat is dat nämmich, wat die Leute total staak intressiat hat, abba dat werdeta ja alle no sehn, wat dat mit dat Dat alle so aufsich hat un dat ganze annerne Gedööns un wat denn auno alle füa schlimme Sachen passiert sinn un dat allet...

Onkel Jupp wollte imma Gärtna weern, abba da hat Oppa Heinz, also der Vatta von Onkel Jupp, nich so richtich mitgemacht, un darrum isa denn beie Stadt aufn Bauhof angefangen, da hasse ja auch dat ganze Jahr eintlich imma wat mitte Natua zu tun, wenna inn Stadtpaak wat arbeitet oda inn Winta schön allet mit Salz vollstreun, kennsse ja, mit den dickn Lasta, un ierndswie hadda denn doch ierndwann so die Schnauze vonne Stadt vollgehabt, dadda lieber ne Trinkhalle bei uns anne Ecke übbanommn hat, kennsse doch, die Tante Ilse, die kleine

Dicke mit die blondgefäabte Haare, die wat imma so laut geredet hat weilse schwer hörte, schon vonne Geburt an hammse imma gesacht, ich weiß ja aunich obbet sowat übahaupt gibt, abba gesacht hammse dat imma, un dat hat den Onkel Jupp denn au so richtich Spass gemacht, dat mit die Trinkhalle, weil neeman hadda auno soon übadachtet Räumken mit drei Tische drin gehabt, wosse maa ne Pulle Biea trinkn konntes, oda maa ne schöne fette Bockwuast mit den schaafn Senf essn, mitn schönn Fernet oda n schönen Undaberch mit dabei, kennsse doch wie dat geht, dat is ja ganz normaa anne Trinkhalle, un wenn denn aambs oda ann Wochenende auno die ganzn annern alle mit dazukommn, wat denn da dann los is, kennsse doch wie dat is, dat is ja dat schöne anne Trinkhalle, dat da au imma wat los is wennsse hinkomms, un da hat Onkel Jupp denn au Tante Marianne kenngelernt, dat is ja getz au schon mal ganz schön wat heer, kummal vor fümundzwanzich Jahre, oda sogga no länga, ham die geheiratet, so lange is dat schon heer. Der Hansdieta, dat is do der Sohn, der hat do getz au schon lange ne eigene Familie.

Abba getz maa weita. Dat hat ja allet ierndswie auwat mitte Trinkhalle zu tun gehabt, au wenn man dat aufn eerstn Blick gannich so meinen würde, abba dat kommt ja alle eerst noch.

Abba getz nomma. Dat da wat is hammse wohl so ziemlich alle gemeint, abba wat is wat, wenn denn da wat is oda wenn da wat sein könnte.

Dat is ja genau wie mitte Fillosoffie, wose dat immer nur behaupten oda vamuten tun, daddet dat geben könnte, oda dat dat angenommenermaßen au wohl so, oda ierndswie donnoch soon ganz klein bissken anners, existiern tut.

Dat is abba viele Fillosoofn sowieso egal, weilse von allemanns nuano von dat reine Existiern, ausse reine Idee heraus abgeleitet, ausgehn tun, un datselbe gilt denn füa allet, dat Unniveasum, die schwattn Löcha, die Antimattärie, die Bäume, die Tiere, einfach allet. Un Rellion is sowieso nua wat Esothärisches, wie die ganze Dämonen un Engel un Geista un dat allet, dat is allet datselbe, saan die, un denn kuckse nämmich wennsse nämmich plötzlich meins dat da wat is, sowat ganz schön meakwüddiges, ich wüad ja eintlich bessa finden wenna gesacht hätte dat da ganz wat Unheimliches rumgurkt un total auffe Laua liecht, un denn liechs du nämmich ierndswie ierndwann nämmich au nuano auffe Laua, vastehsse, wie ich dat mein...

Wie dat losging

Also pass auf. Du kannst dich sicher noch erinnern. Die gotische Bluesrock Party im Ruhrpott(die alljährliche Erinnerungs- und Wiedersehensparty aller Bibionesüchtigen aus dem Ruhrpott und ihr näherer und weiterer und noch weiterer Freundes- und Bekanntenkreis). Und was da bei der letzten Party alles passiert ist. Am Ende ist sogar die ganze Kneipe explodiert. Der nackte Wahnsinn.

Und was der Rostock Ringo danach für schlimme Sachen erlebt hat. Und der Kaftan Freddy wurde mit seinem Wohnmobil in der nordafrikanischen Wüste(auf dem Weg nach Bibione) von den *wüsten Söhnen* verfolgt, und dann haben die sein Wohnmobil in Brand geschossen, und der Freddy konnte gerade noch mit dem Motorrad fliehen, da kamen die mit ihren alten Pickups nicht mehr hinterher, aber geschossen haben die auf den Kaftan Freddy noch lange mit ihren großen Maschinenkanonen, aber der Freddy hat Gas gegeben wie auf der Paris-Dakar, und da haben die alles getroffen, aber nicht unseren Freddy, und der hat natürlich laut gelacht, als er die Mörderbande irgendwann im Rückspiegel nicht mehr sehen konnte.

Und eins ist klar. Seit der Philosoph in Rom zurückgetreten ist und die hohen Tanten einen bekennenden Tippelbruder zum neuen Oberförster gewählt haben ist nichts mehr wie früher. Jetzt fühlen sich die Islamisten und die Dschihadisten und die Antichristen und die wüsten Söhne und die Donaldisten und die Flaschbierkisten natürlich ganz oben auf. Klar, oder?

Und in dem Jahr war auch in Bibione nix los. Der Kaftan Freddy hatte kein Wohnmobil mehr. Die Hotels wollten keine Biker(„Tute uns leite. Alle Camera totale belegte."), und von den anderen war kaum jemand gekommen, und es regnete und regnete und regnete, und...dann schwang sich der Freddy auf die Enduro und fuhr so lange auf der Autobahn Richtung Norden bis es trocken wurde und die Sonne schien. Und was stand da auf dem Ortsschild, als er total erschöpft von der Autobahn abgefahren war? Ganz genau: Bottrop. Und die Sonne schien. Und jetzt(Un getz...) kannst du dir sicher vorstellen wie sich der Kaftan Freddy da gefühlt hat.

Eilmeldung!

18. Juni: Auf der Nordseeinsel Norderney wurden am Strand zwei junge Frauen von aggressiven Ameisen angefallen. Die Ameisen hatten sich von unten durch die Decke gefressen, auf der die beiden Frauen in der Nähe einer Sanddüne lagen und sich sonnten. Einer der Frauen gelang es noch sich von den aggressiven Tieren zu befreien und Hilfe zu holen, während die andere Frau bereits so zugerichtet war, dass sie die Decke nicht mehr aus eigener Kraft verlassen konnte. Die Frau wurde von den Rettungskräften bewußtlos ins Krankenhaus gebracht. Die schwer verletzte Frau hatte multiple Bißwunden am ganzen Körper. Mehrere Gelenke wiesen zudem Eintrittswunden auf, aus denen noch lebende Ameisen entfernt werden mussten...

Ameisen

Getz hömma Horst. Du has dat do au inne *Bild* gelesen. Dat mit die Killerameisen auf Norderney. Ich mein dat dat die Mörderbienen in Florida gibt dat kenn wa ja alle. Abba wo kommn die Killerameisen auf Norderney auf einmal alle her, dat möcht ich ja wierklich getz aumal wissn, oda wat sachs du Horst?

Ich sach nua dadet inzwischen auf diese Welt wohl so ziemlich allet gibt, waddet sonst wohl niernds so gibt. Ich sach ja dat man da sowieso eers ma ne richtige Ordnung reinkriegen müsste, bevor man mit dat ganze annerne Gedöns übahaupt eers anfängt, dat mitte Politik un dat allet, dat bringt nämmich sons nur ierndswann ierndswelchen Mist, dat siehsse doch mit die Dschihadisten un dat ganze annerne Volk, dat gibt nämmich ierndswann nur Kriech un sons gannix. Un getz kummal wat Ordnung heißt. Dat einzige wat ich überhaupt nich abkann sind Katzn inne Küche, oda inn Wohnzimmer wenn Fußball kommt, abba dafür gibtet ja die Hunde, dat offene Fenster, oda die Mikrowelle, dann hört dat nämlich sofort auf mit die Katzen. Die solln aufn Hof rummrennen un fleißig Mäuse un Rattn fangen, abba nich inn Haus oda inne Wohnung rummrennen, da bin ich strickt dagegen. Wenn die mich schon von weitn aufn Hof kommen sehn, da sind die ruck zuck alle vaschwundn, da brauchse noch nich mal mitn Fuß nachhelfn oder mal mitn dickn Stein werfn, die kennen mich schon, dat läuft bei mir allet wie von selbs. Un dat is nämmich Ordnung, vastehsse, wie ich dat mein.

Er spürte sein Unwohlsein. Angst im Bauch vom Gerüst zu fallen. Er fühlte sich wie ein Dachdecker, der mit der Zange Maden aus einem Hund zog. Die Stadt verhüllte sich. Sie dampfte ihm Wahnsinn auf die Stirn. Mit seiner zitternden Zunge fing er Tropfen. Sie schmeckten rostig. Leicht salzig. Der Regen hatte nachgelassen. Ein Auto blendete ihn hinter der Kurve. Die blattlosen Bäume am Gehweg krümmten sich unter den Peitschen schreiender Häuser. Staubgrau erstickten sie. Wenn Gedanken bleiben, können sie nerven. Er dachte dauernd an die tote Frau aus der Zeitung. Die mysteriösen Umstände? Nein. Der Mordverdacht? Nein. Er ging langsam weiter. Schritt für Schritt, als wollte er sie einzeln einrahmen. Er hatte früher Dias gemacht. Vielleicht deswegen. Aber eher unwahrscheinlich. Über ihm flackerte eine defekte Straßenfunzel. Fünfziger oder sechziger Jahre. So wie alles hier. Nicht ganz. Da vorne leuchtete ein Döner. Die gabs damals noch nicht. Da hieß das noch Pommesbude.

Hömma. Nachts duache Stadt geen wenn dat reent, un denn auno inn sonne abgeleene Geend, woosse fast schon anne Gurke (Pottlerisches Prolwort für Puff) biss, un denn auno Hunga krien, dat is nämmich totale Scheiße. Un denn kannsse beie Maffiosis essen gehn oda beie Döneristn oda beie Islamistn oda wat da sonns no alle so rummrennt, sonne richtige einheimische Kneipe findse sowieso keine mehr, höchssens maa no ne Pommesbude, abba da kannsse nämmich inzwischen au lange nach suchen, dat is so, glaub mia dat, un denn gehsse nämmich lieba inne Dönerbude rein, wennsse schon davoa stehss, da weisse weenichssens, watte kriss, aso nix wie rein, weil dat Licht waa no an.

Er öffnete langsam die Tür, ging hinein und stellte sich an die Theke. Nabend was möchte, fragte die Dicke mit dem Kopftuch. Im gleichen Moment kam auch ihr Mann aus einem Nebenraum, vermutlich die Küche, und setzte sich wortlos an einen kleinen Tisch. Einen Dönerteller! Ihr Mann stand auf und verschwand in der Küche. Er setzte sich an einen Tisch und zündete sich eine Zigarette an. Es dauerte nicht lange, bis der Mann mit dem Dönerteller aus der Küche kam und ihn vor der Dicken auf die Theke stellte. Sie kam vor die Theke und brachte ihm den Teller. Hier drinne nietse rauchen du. Un gute Appetit wünsche. Is ok. Danke. Dann kammen vier junge Männer in den Laden. Kennst du doch. Die Sprache. Und die Baseball-Kappe. Und die hohle Birne. Und die übergroßen Turnschuhe mit offenen Schnürsenkeln. Und die scheinbar zu kleine Jeans, die immer unterhalb der Unterhose hängt, quasi arschfrei mit Unterhose, und die spastischen Bewegungen und und und...quasi He! Kuckst du Alter vull krass Mann...quasi büst du vull da krasses Aschluch Mann krüss du vull da Fresse vull Mann abba vull Mann. Sie bestellten alle einen Döner. Der war schnell fertig, und dann waren sie auch schon wieder verschwunden. Sein Dönerteller war nicht gerade eine Offenbarung. Das Fleisch. Als er bezahlte, der schweigsame Mann kassierte, bemerkte er noch einen weiteren Mann in der Küche. Die Tür stand offen. Dieser Mann sah ihn an und lächelte äußerst merkwürdig, sagte aber nichts. Ein ähnliches Lächeln, besser gesagt einen ähnlichen Gesichtsausdruck hatte er irgendwo schon einmal gesehen. Aber wo? Er steckte sein Wechselgeld ein und ging. Neben dem Eingang wuchs büschelweise Unkraut. Und vor dem Unkraut auf dem Gehweg? Ameisen! Massenhaft Ameisen die Richtung Hauswand liefen. Und nachdem er einige Zeit gegangen war fiel es ihm ein. Kennst du doch. Das ist schlimm, wenn du etwas auf der Zunge hast, und das Wort oder der Name fällt dir nicht ein. Aber jetzt war er da. Jack Nicholson. Der spielte doch im Batman Film den Gangster Jack Napier. Erinnerst du dich? Und dann fiel er irgendwann in den riesigen Bottich mit der ätzenden Flüssigkeit. Und dann der Chirurg. Und danach hatte er dieses missglückte Gesicht mit dem unnatürlichen Dauergrinsen...**Nenn mich einfach Joker**...Erinnerst du dich? Und genau so sah der zweite Dönermann in der Dönerbudenküche aus. Genau so.

Eilmeldung!

25. Juni: Duisburg ist sicherlich jedem als Stahlstadt mit dem größten Binnenhafen bekannt. Das Nachtleben ist robust und überschaubar. Und die CPM (Currywurst mit Pommes und Mayo) spielt noch eine wichtige Rolle, auch wenn der Döner schon neben ihr auf der Überholspur fährt. Aber jetzt steigert Duisburg durch ein neues Phänomen seine Bekanntheit: **Stadt mit der größten Ameisenplage Europas**. Und ein Ende ist nicht in Sicht.

Aus *Wikipedia:* Ameisen, 14.02.2015:

„(...)Die größte gefundene Ameisenkolonie befindet sich in Südeuropa und wird von der Argentinischen Ameise *Linepithema humile* gebildet.[38] Sie erstreckt sich entlang der Italienischen Riviera bis in den Nordwesten Spaniens über eine Länge von 5760 Kilometer. Die Kolonie besteht aus mehreren Millionen Nestern mit mehreren Milliarden Individuen [39] Forschungen ergaben, dass sich Ameisen dieser Kolonie und solche aus größeren Kolonien derselben Art an der Küste Kaliforniens und der Westküste Japans nicht gegenseitig bekämpfen, woraus man schlussfolgert, dass sich das Ausbreitungsgebiet besagter Kolonie inzwischen womöglich über mehrere Kontinente erstreckt, verbreitet durch den Menschen. Damit wäre es die größte bekannte Ausbreitung einer Insektenkolonie. [38]

- Die Vermessung eines Nestes von Blattschneiderameisen ergab eine Tiefe von acht Metern unterhalb des Erdbodens und

eine Gesamtfläche von 50 m^2.[40]
- Eine Ameisenkolonie kann innerhalb von sechs Jahren 1900 Kammern anlegen. Dafür müssen rund 40 Tonnen Erde aus den und 6 Tonnen Blattstücke in die Kammern gebracht werden.[41]
- Eine sibirische Ameisenart überwintert in einer Art Kältestarre bei Temperaturen unter −40 °C.[42]
- Weberameisen können sich auf glatten Oberflächen so stark festhalten, dass fast das 200-fache ihres Körpergewichtes nötig ist, um sie zu lösen.[43]
- Wüstenameisen (*Cataglyphis bombycina*) halten unter den Ameisen mit circa einem Meter pro Sekunde den Geschwindigkeitsrekord in der Fortbewegung.[44]
- Die Schnappkieferameise kann ihre Kiefer derart schnell öffnen und schließen, dass sie wie ein Katapult funktioniert, wenn sie gegen einen Gegenstand gehalten wird.[45]

(...)"

Spätsommer

Jetzt das musst du wissen. Auch wenn es in dem Jahr im Juni an der Adria in Strömen geregnet hat und fast keiner der eingefleischten Bibione Junkies aus dem Ruhrpott Lust auf einen verregneten Urlaub hatte, der Spätsommer hat sie dann doch nochmal alle nach Bibione gezogen, und die Sonne lachte ihnen zu, und die schlauen sprechenden Hunde waren natürlich auch wieder alle mit von der Partie, und ob du es glaubst oder nicht, es gab natürlich wieder die unheimlichsten Vorgänge und die unerklärlichsten Phänomene im schönen Bibione, und das ging ja in dem Jahr schon mit den Ameisen los...

    Also pass auf! Duisburg war, wenn man so will, inzwischen nahezu unbewohnbar geworden. Und das innerhalb von nur wenigen Wochen!!! Viele hatten fluchtartig die Stadt verlassen. Das Rathaus und noch viele andere Gebäude waren einsturzgefährdet. Die Industrie war fast völlig zum

Erliegen gekommen. Auch aus anderen Großstädten hörte man ähnliche Meldungen. Eine riesige Blechlawine wälzte sich Richtung Süden. Sie sagten, dass es im Alpenraum und südlich davon noch keine aggressiven Ameisen gebe, aber Ameisen, besonders diese, die gehorchten doch ganz eigenen Gesetzen. Auch im Alpenraum und südlich davon...

Ägyptisches Staatsfernsehen!

20. August: Eine Reisegruppe junger Schwedinnen wurde während einer Exkursion im Tal der Könige von Dschihadisten entführt. Offenbar wollten die Entführer die Nacht mit ihren Geiseln in einer wenig bekannten Grabkammer verbringen. Dort wurden ihre bis auf die Knochen abgenagten Leichen einen Tag später von Archäologen entdeckt, die in der Nähe Ausgrabungen durchführten. Weder unter den Geiseln noch unter den Enführern gab es Überlebende. Sie wurden offensichtlich im Schlaf überrascht. Dr. Machmud Winter, der Leiter des ägyptischen Ausgrabungsteams, äußerte gegenüber den Sicherheitskräften und den Medien den Verdacht, die Opfer könnten bei lebendigem Leibe von hochaggressiven Ameisen gefressen worden sein. Nach umfangreichen gerichtsmedizinischen Untersuchungen bestätigte sich später bei allen Opfern diese grauenhafte Diagnose.

Ameisenbären

Aus *Wikipedia:* Ameisenbären, 10.03.2015:

„(...)Die **Ameisenbären** (Vermilingua) bilden mit vier Arten, verteilt auf drei Gattungen, eine Unterordnung aus der Säugetiergruppe der Zahnarmen (Pilosa). Charakteristisch für diese Tiergruppe sind die verlängerte und röhrenförmige Schnauze, die dichte Fellbedeckung und die kräftigen Krallen an den Vorderfüßen. Namengebend ist ihre Ernährungsweise mit Spezialisierung auf staatenbildende Insekten. Die Tiere leben meist einzelgängerisch in eigenen Revieren und die Weibchen bringen je Geburt ein Junges zur Welt. Der Lebensraum der Ameisenbären erstreckt sich über Mittel- und Südamerika. Ihre nächsten Verwandten sind die Faultiere (Folivora). Die Stammesgeschichte reicht im Fossilbericht bis in das Untere Miozän vor etwa 20 Millionen Jahren zurück. Aus molekulargenetischer Sicht ist aber ein wesentlich früherer Ursprung anzunehmen. Die Bestände der einzelnen Ameisenbären-Arten sind mit Ausnahme des Großen Ameisenbären bisher nicht gefährdet.

(...)Der Magen der Ameisenbären ist einfach gebaut, am Eingang des Grimmdarms befinden sich zwei kleine Blinddärme. Ebenso besitzt der Uterus bei weiblichen Tieren einen einfachen Bau und ist teils birnenförmig gestaltet. Bei trächtigen Tamanduas wird der Uterus bis zu 13 cm lang.[1][7][8] Er ähnelt im bau damit dem der verwandten Faultieren, ist aber abweichend von dem einiger Vertretern der Gürteltiere gestaltet.[9] Die Hoden der männlichen Tiere liegen innerhalb der Bauchdecke, der Penis ist kurz und im uneregierten Zustand nach hinten gewandt. Er besitzt eine konische Form und eine zentrale Falte.[10] Ein sehr markantes Organ ist die Zunge, die beim Großen Ameisenbären bis zu 60 cm lang wird und zur besseren Nahrungsaufnahme von klebrigen Sekreten bedeckt ist. Die Zunge kann vollständig in das Maul zurückgezogen werden, ist aber möglicherweise aufgrund der Länge und Verwendung bei der Ernährung häufiger Verletzungen ausgesetzt. [11] Die Zungenbasis ist im Gegensatz zu anderen Säugetieren nicht mit dem Zungenbein verbunden sondern setzt am Brustbein an.[12]

(...)Ameisenbären sind nur in Amerika verbreitet und leben in Südamerika östlich der Anden - wo sie auch ihren Ursprung haben - und im schmalen Küstenstreifen westlich des Gebirgszuges sowie in Mittelamerika bis in den Süden von Mexiko. Ihre nördlichen Verbreitungsareale erreichten sie aber erst nach dem Entstehen der Landbrücke zwischen Nord- und Südamerika am Isthmus von Panama und dem damit verbundenen Großen Amerikanischen Faunenaustausch, der im Pliozän vor rund 3 Millionen Jahren begann. Der Lebensraum umfasst überwiegend Tiefländer, aber auch Gebirgshöhen bis zu 2000 m. Dabei bewohnen Ameisenbären sowohl Wälder - überwiegend tropischen Regenwald - als auch offene Gras- und Savannenlandschaften.[1][13]

(...)Die heutigen Arten unterscheiden sich deutlich in

ihrem generellen Verhalten: Während der Zwergameisenbär ein reiner Baumbewohner ist und vorwiegend Wälder bewohnt, lebt der Große Ameisenbär ausschließlich am Boden und bevorzugt meist offene Landschaften wie Savannen. Die Tamanduas leben sowohl am Boden als auch in den Bäumen. Ameisenbären sind vorwiegend Einzelgänger, die nur zur Paarung zusammenkommen. Außerdem unterhalten sie Territorien, die mitunter recht groß sein können und Ausdehnungen von einigen Hektar bis zu mehreren Quadratkilometern Größe erreichen. Als Fressfeinde treten meist große Katzen und Greifvögel auf. Bedrohte Tiere richten sich auf den Hinterbeinen auf und verteidigen sich mit den scharfen Krallen der Vorderfüße.[1]

(...) Die Nahrung der Ameisenbären besteht fast ausschließlich aus Ameisen und Termiten und wird überwiegend über den Geruchssinn aufgespürt. Mit ihren Krallen brechen sie die Bauten dieser Tiere auf und lecken sie mit ihrer langen, eingespeichelten Zunge auf.

Aufgrund der chemischen Abwehr der Insekten verweilt ein Ameisenbär meist nur sehr kurz an einem Bau und sucht dann einen neuen auf. Gelegentlich werden auch pflanzliche Materialien wie Obst verspeist.[1]

(...)Über die Fortpflanzung der Ameisenbären ist nicht sehr viel bekannt. Die Tragzeit dauert einigen Angaben zufolge von 120 bis zu 190 Tagen. Die Weibchen bringen in der Regel ein einzelnes Jungtier zur Welt. Dieses reitet in den folgenden Monaten auf dem Rücken der Mutter. Die baumbewohnenden Arten lassen die Jungtiere auch manchmal während der Nahrungssuche auf einer geschützten Astgabel zurück. Die Geschlechtsreife erreichen Große Ameisenbären mit drei bis vier Jahren, bei den anderen Arten ist dies nicht bekannt, ebenso wenig wie die Lebenserwartung in freier Wildbahn.[1](...)"

Und jetzt pass auf! Der Emil hat die Kamera verloren, und der schlaue Jacko, also der sprechende Hund vom Hubert und der Daisy, und der schwule Pikinese von der Jenny und der Jane, der Joschi, der kann natürlich auch sprechen, ist doch klar, und der Kopernikus vom Apotheker in Bibione war auch mit dabei, 11 Sprachen fließend, Hubschrauber- und Jetpilotenschein und und und, nicht der Apotheker, der Hund natürlich, der Kopernikus, und das dumme kleine Peggylein war auch mit dabei, eher wenig sprachbegabt, etwa so wie *kucks du Aschloch voll krass ey* oder *du kumms hier niet rein kanns du kucke wie Aschloch wiess willss Aschloch*, und die haben im Pinienwald die Kamera vom Emil gefunden, aber der Marc-Aurel, also der majestätische schlaue sprechende Mastino von der Gräfin aus dem süditalienischen Gebirgsdorf, der war noch nicht mit dabei, der kam erst später, weil er noch im Gebirgsdorf den listigen schlauen Scherlock spielte, geheime Operation, verdeckte Ermittlungen, klar oder?, und dann sitzen der Emil und alle spätnachmittags im schönen Bibionegarten beim Apotheker, kurz vorm Sonnenuntergang, und dann solls wieder gemeinsam in ihre Lieblingspizzeria gehen, klar oder?, und jetzt pass auf was passiert ist, kaum wollten alle aufstehen und losgehen, kamen die Hunde um die Ecke gebogen, und von weitem rief schon das Peggylein *wir habe deine scheiße Fotokaste gefunde kucks du wa Emil un dann au no vull krasse Asylant mitgebracht Flüchtling von Boot oda so wat mit Kind uf de Rücke un dicke Pelz an kucks du wa*, und der Emil freute sich natürlich über seine völlig unbeschädigte Kamera, aber die war ja völlig nebensächlich, verglichen mit dem erstaunlichen Gast, den die Hunde mitgebracht hatten: eine riesengroße Ameisenbärin mit ihrem Jungen auf dem Rücken und die fragte gleich in amerikanischer Sprache (vermutlich texanischer Dialekt) *hello my friends, how are you?* und weiter in gebrochenem Deutsch *alle gutt mache Urlaub hier?* und dann fragte die Ameisenbärin noch *is this Bibione?*, und dann fielen allen die Kinnladen runter bis auf den Boden, das kannst du mir aber glauben, und dann sagte das Junge auf dem Rücken der Ameisenbärin auch noch ganz laut *Mammaa! Ich muss mal!*, und der Emil dachte *dat geht ja wieda gut los, abba genau so isset, dat is Bibione...*

Pizza

So plötzlich wie sie aufgetaucht waren sind sie auch wieder verschwunden. Leise und unbemerkt. Doch welche Botschaft steckte hinter dem Auftauchen und dem unbemerkten Verschwinden einer Ameisenbärin mit ihrem Jungen in Bibione? Das fragte sich nicht nur der Emil. Und dann wurde es in ihrer Lieblingspizzeria nämlich spannend. Wie jedes Jahr saßen sie alle, der Kaftanfreddy, die Jenny, der Hertenhubert und sein Bruder, die Zwillinge aus Essen, die Daisy und ihr Mann Hubert, der Emil und und und, und die Hunde lagen alle unter dem Tisch, am langen Tisch vor der Pizzeria, und dann **DAS:** Eine dicke blonde Frau, etwa Mitte vierzig, Badelatschen und Jogginganzug vom Aldi, hinter ihr lief ein Mann mit Halbglatze und ausgeprägtem Bierbauch, auch Badelatschen und Jogginganzug vom Aldi, vermutlich beide Camper, also die Frau fiel plötzlich der Länge nach vom Bürgersteig auf die Straße, Passanten und der Dicke, vermutlich ihr Mann oder Freund, rannten sofort hin, der Emil und und und natürlich auch, und die Hunde natürlich auch, und: **TOT!**, alle Wiederbelebungsversuche waren zwecklos, und dann kam die Rettung mit dem Notarztwagen, aber die hatten auch keinen Erfolg, und dann kamen die Carabinieri und sperrten alles ab, und der Notarzwagen fuhr weg, und dann kam der Leichenwagen, und der Dicke saß auf der Bordsteinkante und heulte, und als die beiden Kerle vom Leichenwagen sie gerade in den Kunststoffsarg gelegt hatten und den Sarg mit dem Deckel verschließen wollten ging es los: Der Kopf der Frau wackelte immer schneller hin und her hin und her hin und her, und dann quollen ihr aus beiden Ohren im Schwall die Ameisen, Ameisen Ameisen Ameisen, minutenlang Ameisen, und wie auf einer Ameisenautobahn rannten sie zielstrebig aus dem Sarg und verschanden blitzschnell durch einen Kanalisationsdeckel in der spätsommerlichen Urlaubsunterwelt von Bibione, alter Schwede, und dann zehn Minuten später die große Frutti di Mare, oder die mit dem vielen Prosciutto, also ich...

Eilmeldung!

24. August: Ameisenbären in Italien! Noch nie wurden in Europa in freier Wildbahn Ameisenbären gesichtet. Besonders in den beliebten Badeorten an der oberen Adria wurden die dort nachtaktiven Tiere gehäuft beobachtet. Auch aus Süditalien gab es vereinzelte Meldungen. So sollen zwei große Ameisenbären am hellichten Tag durch den Park des Vatikan stolziert sein.

Pott

„Lokalzeit Ruhr":

24. August: In Duisburg ist heute ein Hochofen explodiert. Wie die Polizei und die Berufsfeuerwehr Duisburg mitteilten, gab es gegen 13.00 Uhr eine gewaltige Explosion mit erheblichem Sachschaden und zahlreichen Verletzten. Einige Häuser sind einsturzgefährdet und wurden evakuiert. Der Stadtteil wurde weiträumig abgesperrt. Ein Kuriosum soll nicht unerwähnt bleiben. Verletzte berichteten, sie hätten nach der Explosion Ameisenbären gesehen. Die Notärzte führten diese Beobachtungen aber eher auf einen Unfallschock zurück. Es könnte sich aber auch, obwohl eher unwahrscheinlich, betonte der stellvertretende Zoodirektor, um entwichene Tiere aus dem Duisburger Zoo handeln.

Getz hömma zu Jupp! Dat is do alle ganz einfach. Die Ameisen sinn plötzlich da un machen allet kaputt. Wiersse sehn. Un wennsse dann nich aufpass, denn wiersse nämmich auno aufgefressn. Wiersse sehn. Genau so kommt dat.

Un denn, Karl-Heinz, gibt dat nämmich nua no eine wichtige Frage. Wat meinsse wie die wohl lautet?

Datte imma genuch kaltet Bia inn Kühlschrank hass, oda wat meintes du getz?

Genau so is dat. Ganz genau so. Abba getz maa nowat. Habta euch dat alle schon maa richtich mit Sinn un Vastand gefraacht ob sowat geht? Ich mein ihr habt do au alle vonne Aameisenbären in Italien gehört. Un getz solln se sogaa hier au schon welche gesichtet haam, zum Beispiel neulich naache Hochofenexplosion. Un getz nämmich die Fraage ob dat alle Zufall is ooda wat, ich glaub dat nämmich nich, un denn komm ich nämmich soffoat aufn nächstn Gedanken, da brauchsse nämmich dat mit die Killerameisen nua maa n bissken weitadenken wat denn da noch so allet passiern könnte, un ich sach mia nämmich, getz maa ganz inn Ernst, dat hört sich hart an, abba könnte der Ameisenbär am Ende nich sogar no die ganze Welt retten? Abba getz eerssma Prost!

Strand

Die Frage war natürlich berechtigt, und die Apotheker stellen sich ja sowieso immer die schwierigsten Fragen selbst, wie wirkt dieser kaum noch messbare Wirkstoff bei dieser Frau, oder können Männer Kinder kriegen wenn sie sich umbauen lassen und ganz viele Hormone nehmen, oder neulich der Henry, aus Gladbeck, der war nämlich bei einer homöopathisch behandelnden Ärztin mit seinem Heuschnupfen, will man ja alles nicht haben wenn man eine Woche später nach Bibione fährt, und dann auch noch die ganzen Ameisen am Haus und im Garten und und und, also der Henry wurde mit der einen Hochpotenz, die ihm die Ärztin gegeben hatte, den Heuschnupfen innerhalb von drei Tagen komplett los, Wahnsinn oder, und dann kam nämlich der Clou, der Henry fuhr von der Autobahn runter, erreichte Bibione, erreichte den Campingplatz, und stellte neben seinem riesigen Wohnwagen seine riesige Zugmaschine ab,

Ganzjahrescamper, klar oder, er und die Edith, keine Kinder, er fünf Mal geschieden, seine Edith nur drei Mal, macht ja nix oder, und kaum hatte der Henry die Wohnwagentür geöffnet, schon ging es los, die Verdauung setzte spontan und völlig unerwartet ein, also Durchfall, und der hörte tagelang nicht mehr auf, Reisestress, meinte der Emil, der Hertenhubert und sein Bruder meinten das auch, und viel zu lange gewartet mit Bibione, meinte der Kaftanfreddy, *dann krisse dat nämmich vor lauta Freude, wennsse maa n Jaa ausgesetzt hass*, und so war es ja auch, im vergangenen Jahr waren der Henry und die Edith nämlich tatsächlich das ganze Jahr kein einziges Mal in Bibione, aber dann hatte der Giovanni, also der befreundete Apotheker in Bibione, der mit dem ganz schlauen sprechenden Dackel, also so sind sie die Apotheker, die kommen den kompliziertesten und rätselhaftesten medizinischen Problemen auf die Spur, Wahnsinn oder, also der Giovanni schaute dem Henry in den Mund, besser gesagt auf die Zunge im Mund, und dann meinte er ganz trocken: *die Heueschnupfe iste jetz wecke, die sitzte jetz in deine Darme feste, muste du trinke viele von die Grappe gehte ganz schnell wecke von die Darme un sitzte wieda in die Nase, wierste sehe wie schnell*, und der Kopernikus war genau der gleichen Meinung und nickte kräftig, und das können wirklich nur die Apotheker, solchen komlizierten Zusammenhängen so klar auf die Spur kommen, denn schon am nächsten Tag war nach dem umwerfenden Grappaabend in ihrer Lieblingspizzeria, diesmal keine tote Frau und keine Ameisen, aber dafür war der Henry am nächsten Tag – fast – tot, der Grappaschädel und und und, und wie von Zauberhand im Henrykörper bewegt, der Durchfall war weg...und der Heuschnupfen war wieder da, Wahnsinn oder.

Am Strand ging der Wahnsinn natürlich dann munter weiter. Am Leuchtturm, kennst du doch oder, da wo die ganzen Nackten und und und immer liegen, also da gingen der Emil und der Henry und der Hertenhubert und der Kaftanfreddy und und und natürlich auch immer alle hin, vielleicht weil es da so schön war, keine Ahnung, jedenfalls döste der Emil mal wieder im Halbschlaf unter seiner Lieblingspinie, und dann kamen plötzlich die ganzen Ameisenbären und gruben Löcher, und jetzt kanns losgehen...

Trinkhalle

Ruhrpott. Trinkhalle. Nebenraum. Die Behauptung: Horst nach 11 Kümmerling und fünf Flaschen Köpi (= König Pilsener): *Der Mensch stammt nicht vom Affen ab sondern vom Ameisenbär, aber kann der Ameisenbär die Welt retten?* Schwierige Frage: Ameisenbär und die Welt retten? Und Abstammung Mensch vom Ameisenbär: wesentlich plausibeler!

Und jetzt pass auf! Onkel Jupp der Wirt. Horst. Klaus, genannt Höhle. Uschi. Herbert, genannt Kömmes. Seine Freundin Beate, genannt Hetty. Jürgen, genannt Elch. Harry, genannt Töle. Paul, genannt Dose. Heftiges Streitgespräch über den Ursprung des Universums, den Tod, die Wiedergeburt, den Ursprung der Menschheit, die Erlösung, Paralleluniversen, Mikrouniversen (also so klein, dass sie noch nicht einmal Götter und Außerirdische so richtig erkennen können), und natürlich über die Ameisen und die Ameisenbären, und der Wirt war Schiedsrichter und sorgte für Nachschub. So. Und noch bevor zu den wichtigsten Themen, obwohl, eigentlich waren ja alle, mehr oder minder, so ziemlich gleich wichtig, also noch bevor verwertbare Ergebnisse erzielt werden konnten, erhielt der Wirt einen Anruf aus Italien. Bibione! Und dann: game over, Onkel Jupp sperrte die Trinkhalle zu...

Bibione

Also pass auf. Nur wenig später. Trinkhalle zu. **Wegen Urlaub geschlossen!** Onkel Jupp mit dem Pickup nach Italien. Auf der Ladefläche wie immer sein Wohncontainer. Abends Ankunft auf dem Campingplatz in Bibione. Große Begrüßungsfreude, klar oder, und alle sind schon da, und dann ging es wie immer in ihre Lieblingspizzeria, quasi *Onkel Jupp is da un nu erzähl maa wat Jupp*. Klar oder?

In Italien gehörte es ja inzwischen fast schon zum guten Ton einen Ameisenbären zu besitzen. Sprechen konnten die alle. Und das musst Du wissen. Ameisenbären haben einen ausgeprägten Forscherdrang. Neulich haben sprechende Ameisenbären zum Beispiel herausgefunden, dass man 5 Tage ununterbrochen rückwärts gehen kann, ohne dass einem schwindelig wird. Wahnsinn oder?

Und jetzt pass auf, damit hatte jetzt keiner gerechnet, denn

ausgerechnet die sprechende
Ameisenbärin vom Giovanni, die mit
dem sprechenden Kind auf dem
Rücken, die Amerikaner, du weißt
schon, die sind nämlich
urplötzlich wieder zurückgekommen,
wahrscheinlich wegen der
sprechenden Hunde, oder weil der
Giovanni so einen schlauen
sprechenden Dackel hatte, du weißt
doch noch, der Kopernikus, oder
weil der Giovanni Apotheker war,
oder aus sonst irgendeinem
mysteriösen Grund, jedenfalls
waren die sprechende amerikanische
Ameisenbärin mit Kind und die
sprechenden Hunde ganz dicke
Freunde, sogar das kleine
Peggylein fand *da vull krasse
Asylantin mit da krasse Kind vull
kuhl(wie da Kuh, kuckste wa)*, und
plötzlich stand dann auch noch der
riesige Mastino von der alten
verstorbenen Gräfin aus den
süditalienischen Bergen, der Marc-
Aurel, unheimliches Gebirgsdorf,
Janus rauchen, lauter unheimliche
Leute, der geile Monsignore und
und und, vor der Pizzeria, klar
oder, und jetzt kann´s losgehen,
ganz große Begrüßungsfreude und
und und, und die amerikanische
Ameisenbärin und der Marc-Aurel

kannten sich schon aus dem Gebirgsdorf, Wahnsinn oder, und die amerikanischen Ameisenbären (Mutter mit Kind) waren die ersten sprechenden Ameisenbären auf dem europäischen Kontinent überhaupt, sagte jedenfalls der Marc-Aurel, Wahnsinn oder, und dann sagten die Ameisenbärin und der Marc-Aurel: **Die nanokleinen außerirdischen Veganossi sind wieder da!**
    Und jetzt kann´s losgehen...

Ausnahmezustand

„Tagesschau"

29. August: Ausnahmezustand im Ruhrpott. Weite Teile Duisburgs, Oberhausens und Mülheims sind von riesigen Killerameisenschwärmen inzwischen unbewohnbar gemacht worden. Die Ameisen fallen jeden an, der ihnen zu nahe kommt. Das Duisburger Rathaus und viele Gebäude in der Duisburger, Oberhausener und Mülheimer Innenstadt sind durch Ameisen zum Einsturz gebracht worden. Die Außenbezirke sind nicht ganz so stark betroffen. Viele haben bereits mit dem Notwendigsten panikartig die Region verlassen. Inzwischen sind Autobahnbrücken eingestürzt, und die meisten Zugverbindungen sind unterbrochen. Auch die Flughäfen Düsseldorf und Mülheim mussten inzwischen wegen der Ameisen ihren Flugbetrieb einstellen, da die Start- und Landebahnen stark unterminiert und an vielen Stellen eingestürzt sind. Menschen die sich bisher noch nicht in Sicherheit bringen konnten werden mit Schiffen über die Ruhr und über den Rhein nach Holland evakuiert. Dort sind große Auffanglager errichtet worden. Die Niederländer sind bisher von den Ameisen weitgehend verschont geblieben.

Der Ameisenbärenfloh ist ein völlig neues Phänomen in Bibione. Denn genau dort wurde er erstmals entdeckt, und das musst Du wissen, der Ameisenbärenfloh hat eine besondere Freundschaft zum Ameisenbär entwickelt, quasi überhaupt nicht störend, sagen die Ameisenbären, quasi bester Freund und immunabwehrstärkend, aber ob die kleinen Ameisenbärenflöhe ebenfalls sehr intelligent sind und vielleicht sogar sprechen können..., na ja, dieses Geheimnis konnten ihnen die in solchen Dingen ja bereits sehr erfahrenen Bibionesherlocks, der Emil, der Kaftanfreddy, der Giovanni, die schlauen sprechenden Hunde und und und leider noch nicht entlocken, aber jetzt pass auf, folgendes, die Ameisenbärenflöhe haben sich inzwischen explosionsartig vermehrt und alle anderen

Floharten, den dummen Hundefloh, den noch dümmeren Katzenfloh und und und nahezu vollständig verdrängt, und jetzt kommt´s womit keiner gerechnet hätte, die Ameisenbärenflöhe lieben die Menschen fast genau so wie die Ameisenbären, außer die besonders Dicken, die meiden sie offenbar, und wenn du am Strand im Schatten unter deiner Lieblingspinie döst, dann klettern sie auf dir herum und kraulen dir deine Haare, und es ist garnicht unangenehm, quasi nicht dieses Beißen und Jucken wie beim dummen Hundefloh oder beim noch dümmeren Katzenfloh(hat der Emil festgestellt), und wenn ein Ameisenbär dich streift, weil er Kontakt sucht oder einfach nur in den Pinienwald schleichen möchte, springen sie alle sofort auf den Ameisenbär, quasi Taxi, und schon geht die Reise weiter(hat der Emil festgestellt), Wahnsinn oder...

Die Botschaft

Ausgerechnet der Rostockringo hatte diesen entscheidenden Traum, denn als er neben den beiden dicken nackten Schwulen beim Leutturm in der prallen Sonne lag, da war er wohl tief und fest für einige Minuten eingeschlafen, aufgeweckt hatten ihn dann die beiden dicken Turteltäubchen, die sich angezogen hatten und ihre Badesachen zusammenpackten, offensichtlich war ihnen der tätowierte glatzköpfige Ringo nicht geheuer(Nazischläger? Schwulenhasser? Und und und?), denn sie beeilten sich sichtlich, als der Ringo aufgewacht war und zu ihnen herüberschaute, aber das ist alles relativ unwichtig verglichen mit dem was der Ringo gerade im Traum erlebt hatte: Die nanokleinen Veganossi! Die Guten! Die nanokleinen guten Veganossi haben dem nackten Ringo am Leuchtturm von Bibione im Traum eine Botschaft gesendet, über die er später, besser gesagt abends vor ihrer Lieblingspizzeria, nur dem Emil berichtete, mit dem Wunsch nach äußerster Verschwiegenheit und äußerster Geheimhaltung, quasi ganz ganz ganz großes Indianerehrenwort, aber jetzt pass auf, die klitzekleinen Ameisenbärenflöhe, und da war doch noch die ganz ganz wichtige Frage offen: Sind die auch superintelligent???, und können die auch sprechen???, und die Antwort lautet: Ja!, und da siehst Du dass die Träume keine Schäume sind und wie sich ganz ganz wichtige Fragen oft ganz von selbst beantworten, die klitzekleinen superschlauen Ameisenbärenflöhe haben nämlich mit ihren hellen Stimmchen das Rostockringotraumbotschaftsgeheimnis an ihre Ameisenbären weitergequietscht, und die haben es dann den schlauen sprechenden Hunden verraten, und die haben es dann wieder ihren Frauchen und Herrchen verraten, und so wussten schon bald der Emil, die Daisy und der Hubert, der Giovanni, und und und, quasi alle, was der Rostock für eine superbrisante Traumbotschaft von den nanokleinen guten Veganossi erhalten hat, und dass die kleinen Ameisenbärenflöhe superintelligent waren und sprechen konnten, das wussten jetzt auch alle...

Der Emil hat natürlich gleich den Giovanni gefragt, aber der war sich noch nicht schlüssig, später hat ihn dann der Kopernikus(der superschlaue Dackel) überzeugt, und die Daisy und der Hubert sind mit ihrem Hund(dem superschlauen Jacko) noch in der gleichen Nacht von Bibione in das unheimliche süditalienische Gebirgsdorf aufgebrochen, und alle Anderen folgten ihnen Tags darauf...

Kann denn Liebe Sünde sein?

Und jetzt pass auf! Du möchtest natürlich unbedingt wissen was der Rostock da nackt am Strand geträumt hat, klar, kann ich verstehen, das möchte ja jeder, denn wenn sich etwas wie ein sprechendes Ameisenbärenflohlauffeuer verbreitet, dann steckt da etwas Gewaltiges dahinter, das kannst Du mir aber glauben, und deshalb sind sie ja dann so plötzlich in das unheimliche süditalienische Bergdorf aufgebrochen, denn da hat ja auch dieses Mal schon wieder alles angefangen, der außerirdische Spuk und die nanokleinen Veganossi und der weltweite geheime Glashandschach und die Glashandspieler mit dem Jokerface und der Monsignore und die hohen Tanten im Vatikan und die Börsenhippies und der Tattilungo mit dem Diktiergerät, weil jeder afrikanische Diktator braucht zum Diktieren mindestens ein Diktiergerät, sonst läuft da

nämlich garnix, dann kommen die
Islamisten und die wüsten Söhne
und die Dschihadisten und die
Flaschbierkisten und und und, und
dann ist Schluss, dann kann der
Tattilungo nämlich sehen wo er
bleibt mit seinem kaputten
Diktiergerät, und keine Dollars
und kein Gold und keine Diamanten
mehr und und und, und ätsch alles
futsch, aber darum geht's ja noch
garnicht, der Monsignore ist
nämlich frisch verliebt, so, das
haben sie nämlich im Caffee
gesagt, quasi der Dreirad hat sich
mal wieder nachts versteckt, und
dann hat er sie beobachtet und und
und, klar oder, und damit beginnt
auch das Ringotraumbotschafts-
geheimnis ganz allmählich eine
zusammenhängende, wenn auch noch
sehr undeutliche, quasi Bibione
Killerameisen Ameisenbären
Ruhrpott Döner Dönerbude
Gebirgsdorf Janus nanokleine
Veganossi frisch verliebter
zölibatärer Katholikenpastor
Vatikan weltweite Börsen
Dschihadisten Exorzisten Flaschbierkisten und und und, Gestalt
anzunehmen, denn die neue Muse vom
Monsignore, das muss aber schon
viel länger so gegangen sein,

wenigstens tuscheln sie das im Caffee, und aus Deutschland sei sie, und plötzlich ist sie dagestanden mit dem alten Schiebedachtwingo und den zwei kleinen Kindern, und *dat gibbet do nich*...hat dann der Emil laut gedacht, *dat is doch die...*, und genau die ist es dann auch gewesen, nachdem sie der Dreirad, das ist der mit dem Ape-Dreirad der die Pumpgun im länglichen Kasten auf der Ladefläche hat, also der mit der großen Schaufel und und und, und der immer so unheimlich wirkt und immer so schnell alles herausbekommt, wenn er will, nur weil er immer so neugierig ist, so, also genau der hat den heimlichen(oder vielleicht besser unheimlichen)neuen Schmusehasen vom Monsignore nachts dabei beobachtet, also beide Schmusehase und Monsignore, wie sie sich in unverwechselbarer Art und Weise, beide splitterfasernackt, klar oder, auf dem Bettvorleger des Monsignore, quasi im Schlafzimmer, nachts, klar oder, immer schneller hoch und runter bewegt haben, klar oder, und jetzt kommt´s, keiner soll einen Mucks gemacht haben, quasi vollkommen lautloser Sex, quasi fast so wie mit dem aufblasbaren Messdiener, Wahnsinn oder, und über drei Stunden soll das so gegangen sein, hat der Dreirad gesagt, und dass der Monsignore erst vor gut zwei Wochen seinen dreiundsiebzigsten Geburtstag gefeiert hat, das soll man ihm überhaupt nicht angemerkt haben, hat der Dreirad gesagt, Wahnsinn oder, und dann erwähnte der Dreirad noch ganz beiläufig den Namen vom neuen Monsignoresexhasen, wie der Dreirad das wohl wieder rausgekriegt hat, Wahnsinn oder, also der Hase heißt Morgana, und die Kinder soll der Monsignore bei einer Bekannten in Rom untergebracht haben, hat der Dreirad gesagt, so, und jetzt pass auf, die Morgana mit den zwei Kindern, also der neue Hoppelhase vom Monsignore, also die soll die gleiche Morgana sein, die mit dem Rostockringo, kennst du doch, der ganzkörpertätowierte Hüne mit der Glatze, in Rostock zusammen war und von ihm die Zwillinge hatte, und dann sind die angeblich mit dem alten Twingo bei Nacht und Nebel, also die Morgana, die

Zwillinge, der Twingo, spurlos im Hafenbecken verschwunden, haben jedenfalls damals die von der Staatsanwaltschaft und die von der Kripo Rostock zum Ringo gesagt, und der Fall sei abgeschlossen und dann kam doch der dicke Diddi mit dem anderen Versicherungsfritze vorbei, und was gab´s für den Rostock: den dicken Scheck von der Versicherung, Auszahlung der Lebensversicherung für die Morgana und für die Zwillinge, und nach dieser bewegenden Begegnung mit den beiden superdicken Versicherungsheinis haben den Rostock dann endgültig die Gefühle überwältigt, die Trauer die Einsamkeit die Dankbarkeit die Notgeilheit der unbändige Alkoholdurst und und und, und mitten in diesem unbändigen Rausch hat sich der Rostock doch damals den abgestürzten Eagle und den riesigen toten Elch auf den Rücken tätowieren lassen, quasi große Trauer und Erinnerung müssen sein, quasi toter Eagle und toter Elch, *aber bloß nich zu lange weil dat Scheiße is*, hat doch der Rostock damals gesagt und ist dann letztes Jahr gleich mit der fetten Kohle nach Bibione, weil Spass muss sein, und Gott sei Dank ist der Rostock jetzt in Bibione geblieben und nicht mit dem Emil und den Anderen hierher ins Gebirgsdorf gefahren, Gott sei Dank!, denn was dann hier los wäre wenn der Rostock hier wäre und das auch alles erfahren hätte, alter Schwede, also ich...

Die Nacht der reitenden...

Aus dem Grab ist der Geist aufgestiegen. Aus welchem??? Aus dem Grab der alten Gräfin. Und hat er etwas gesagt? Nein. Nur geschaut hat er, und dann ist er über dem Dorf geflogen, und schauerlich gerauscht hat es, als er im Gebirge, oberhalb vom Dorf, im Wald verschunden ist. Wahnsinn, oder? Und der Dreirad hat es mitgekriegt. Weil der ist schon wieder fast die ganze Nacht beim Monsignore unterm Fenster auf der Lauer gelegen, und so ein altes Pfarrhaus liegt natürlich immer neben der Kirche, und die Kirche liegt am Marktplatz, und beim Marktplatz, neben der Kirche, ist immer der Friedhof. So. Und dann, o Schreck o Graus, kam dieses furchterregende düstere Licht und das Wimmern und das Simmern und das Flimmern und und und daher, und da fliegt doch was, und sofort verstecken und volle Deckung und Tarnung und die Pumpgun in Stellung gebracht hat der Dreirad gedacht und sofort reagiert, klar oder, und dann blieb das kleine schwarze Ding etwa drei bis vier Meter über dem Kellerfenster vom Monsignore stehen während der Dreirad aus seinem Kellerfenster mit der geladenen Pump rauslauerte, und stockfinster war ´s, kein Licht kein Mond garnix, und dann ist das kleine schwarze Ufo mit einem Karacho davon geschwirrt, quasi ätschi bätschi du kriegst uns nicht, und dann hat der Dreirad vor Schreck mit der Pump den lauten Schuss abgefeuert, dass gleich überall das Licht an und die Fenster aufgegangen sind, und im Monsignorekeller ging jetzt auch das Licht an, denn der Monsignore hat nämlich dem Dreirad von hinten im Dunkeln auf die Schulter getippt als der noch total vedattert dem schwarzen kleinen Ufo aus seinem dunklen Keller durch das offene Kellerfenster hinterhergeglotzt hat, und als ihm dann auch noch der Monsignore im Dunkeln von hinten auf die linke Schulter getippt hat, da war der Horror für den Dreirad perfekt, quasi die Nacht der reitenden Leichen und und und, und wer da seine geladene

Pump nicht kräftig abfeuert ist selber schuld, oder?, und das Kellerlicht hat dann die Morgana eingeschaltet, wohl auch nur wegen dem Schrecken vom Pumpknall und und und, und dann ist der Dreirad wie ein Zombie mit der nachrauchenden Pumpgun aus der Kellertür vom Monsignore Richtung Friedhof herausgewankt, alter Schwede, also ich..., in der Morgendämmerung, und jetzt kann´s losgehen...

Mekka

Als die ersten Pilger in Mekka durch ihren Joker(der Gesichtsausdruck, den *Jack Nicholson* im *Batman* Film nach der missglückten Gesichtsoperation hatte) auffielen, war es bereits zu spät. Überall tauchten immer mehr aggressive Ameisen auf, selbst aus der Kaaba krochen sie hervor.

Nachts wurden, anfangs nur vereinzelt, Pilger in ihren Quartieren angegriffen, innerhalb weniger Tage häuften sich die Ameisenattacken jedoch, und die ersten Toten waren zu beklagen. Sie wurden allesamt im Schlaf bis auf die Knochen aufgefressen. Panik brach in Mekka aus. Die mit dem Joker blieben verschont, und es wurden immer mehr. Bald prägte der Joker das Straßenbild Mekkas, und die Kliniken füllten sich mit schwerverletzten Ameisenopfern.

Als eines Morgens der kranke Ameisenbär am schwarzen Stein vor der Kaaba lag, umringt von Ameisenhäufen, setzte endgültig der Exodus ein. Fromme Pilger und die Bewohner Mekkas verließen in Panik die heilige Stadt. Nicht wenige glaubten an eine Strafe Gottes. Die Sicherheitskräfte und selbst die Armee schienen gegen die Ameisen machtlos zu sein.

Bald wurden auch in anderen arabischen Städten und im Nahen Osten aggressive Ameisen beobachtet. Auch der Tempelberg in Jerusalem blieb von den Ameisen nicht verschont. Gläubige Juden wurden an der Klagemauer von Ameisen angefallen und zum Teil schwer verletzt. Die al-Aqsa-Moschee musste wegen der Ameisen geschlossen und weiträumig abgesperrt werden. Auf und um den Tempelberg herrschte schon bald Lebensgefahr, und die Ameisenplage breitete sich überall immer weiter aus.

„Rai 2"

Bibione (20.30 Uhr, Großbildfernseher in der Lieblingspizzeria), 09. September: Panik in Paris. Der Eifelturm ist eingestürzt. Viele Gebäude dürfen nicht mehr betreten werden. Die Ameisen haben die Stadt nahezu vollständig erobert, und die

Menschen verlassen, meist nur mit dem Notwendigsten, in Panik die Stadt. Überall in Europa spielen sich inzwischen ähnliche Szenen ab. Die Sicherheitskräfte sind machtlos. In ganz Europa herrscht Katastrophenalarm. Die Nato hat den Bündnisfall ausgerufen. Russland, China und Indien haben Hilfe angeboten und sind zur Aufnahme von Flüchtlingen bereit. Auch Japan, Indonesien und weitere asiatische Länder haben Hilfe zugesagt. Südamerika ist bisher von der Killerameisenplage weitgehend verschont geblieben, dafür sind sie in den gesamten Vereinigten Staaten und in Canada auf dem Vormarsch. New York und Chicago wurden zu Katastrophengebieten erklärt. Auch die amerikanische Westküste ist betroffen.

Der Berg ruft!

Jetzt was ist passiert im süditalienischen Bergdorf, wo nächtens die Spukgeister und die kleinen schwarzen UFO´s fliegen und der liebestolle Monsignore den scharfen Hoppelhasen fängt?

Also pass auf! Der Hubert und die Daisy, also die mit dem schlauen sprechenden Hund, also die sind mit dem Jacko und den ganzen anderen schlauen sprechenden Hunden, dem Marc-Aurel (Mastino der spukenden toten Gräfin), dem schwulen Joschi (Pikinese der Jane, der Schwester von der Jenny, beide Ruhrpott, klar, oder?)und und und zu einer geheimen Mission ins Gebirge aufgebrochen, quasi Bergtour Höhlentour und und und, und das musst du wissen, der Emil, der Dreirad und und und sind mit der gesamten Ausrüstung auf der Ladefläche mit der Ape bereits vorgefahren und lauern jetzt mit Spezialgerät(Cam, Pump und und und) in ihrem Versteck im Wald. So. Und was passiert? Der

Ameisenbär kommt vorbei. Aber nicht nur einer. Nein! Eine ganze Karawane sprechender Ameisenbären zieht lebhaft schwätzend durch den Bergwald. Aber wohin?, und das ist die große Frage, denn plötzlich sind sie wie vom Erdboden verschluckt, und die Cam vom Emil hat nichts aufgenommen: Akku leer!, und dann ist der Dreirad sofort mit der Pump aus dem Versteck auf den Weg gesprungen: *Nietse wie hintaheere die dreckige petzige Maffiosi*, und dann hat der Emil noch schnell den Wechselakku aus der Ape geholt, und dann rein damit in die Cam und nix wie hinterher, und das jetzt der Wahnsinn erst so richtig losging, das kannst du dir ja denken, denn kaum sehen sie im Wald den Höhleneingang, schon kommt mit der knallroten Birne der Hubert angerannt und hat den vollen Joker, dass er ordentlich grinst ganz dämlich und bringt gleich kein einziges gescheites Wort mehr raus, und wo die Daisy und die Hunde und und und sind weiß er auch nicht, vielleicht hat sie die Höhle verschluckt, oder der Waldboden, oder das UFO und und und, keine Ahnung(grinst der

Hubert), und davon reichlich, und da ist es dem Emil fast wie ein Lourdeswunder vorgekommen, als er den erschöpften Ameisenbär unter dem Baum im Tiefschlaf schnarchen hörte, und das musst du wissen, wo es ein Lourdeswunder gibt, da gibt es auch immer noch ein zweites, und da siehst du, genau so war es, kaum hatten sie sich zum Ameisenbären unter den Baum geschlichen, schon wachte der auf und rief die Hunde, und die kamen auch und redeten alle durcheinander, aber die Daisy war verschwunden...

Gräfinnengeist und Geisterflüge

Da kannst du machen was du willst, Geister sind Geister, und wenn die dich mitschleppen hast du keine Chance, und genau so erging es der Daisy in der Höhle als der Hubert schon wieder rauswollte und die Hunde rannten schon Richtung Ausgang, aber die Daisy, die war ja vor ihrer Frührente wegen dem Unfall mit dem Schulbus, frontal, und fast noch mit Vollgas bevor der bremste, und dann kamen die OP´s und das Gesicht blieb ihr danach fast so wie es nach dem Unfall ausschaute, quasi der volle Joker auch ohne die nanokleinen bösen außerirdischen Veganossi im Kopf, also in den Bio-Lehrerinnen steckt auch nach dem Schulbus und in der Frührente und mit dem vollen Busunfalljoker im Gesicht noch so viel, ja fast schon unnatürliche, Neugierde auf allen und jeden Wahnsinn wie er in der Natur und über- und unternatürlich nur vorkommen kann, und so hat sie natürlich ohne Lampe in der finstersten Ecke der schauerlichen Berghöhle auch den fluoreszierenden leise krächzenden Friedhofsgeist der beerdigten toten Gräfin entdeckt, vielleicht dachte sie ja auch hey, da glitzert ja ein Goldschatz in der Höhlenecke, aber nein, es war der Gräfinnengeist, und wie der dann schauerlich aufgeheult und geblinkt hat, ist die Daisy starr vor Entsetzen wie gelähmt dagestanden, und dann hat sie der Geist gepackt und ist mit ihr durch die Luft gewirbelt, und weg waren sie, quasi verschwunden in der Höhlenwand, und das musst du wissen, der Marc-Aurel, also der ehemalige schlaue sprechende Hund von der Gräfin, der riesige Mastino, der hat den Gräfinnengeist natürlich erkannt, und wie angewurzelt ist er dagestanden vor Schreck und hat in dem Moment fast sein gesamtes Fell verloren, dass er fast schon nackt dagestanden ist, und die anderen sprechenden Hunde und und und in der Höhle konnten auch nichts ausrichten gegen den schauerlichen Geist, und wie die Daisy dann im Vatikan als Klosterschwester aufgetaucht ist, und der Joker war verschwunden, und so jung und so hübsch war sie, und dass sie dann auch noch dauernd Sex mit dem Oberexorzisten, dem einarmigen weltkriegsversehrten uralten Kurienkardinal, hatte, das soll eigentlich jetzt noch nicht verraten werden, und dass der Hubert jetzt den vollen Joker hatte mit der knallroten Birne und total verwirrt, das hat der Hubert garnicht gemerkt als er aus der Spukhöhle rausgewackelt ist, nur das kleine dumme Peggylein hat ganz laut hinterm Hubert hergerufen *hey Hubat alte Schwachkopf kuckste gets vull krass wie deine Alte un vull da Joka wa*, aber das hat der Hubert gar nicht mehr mitbekommen, als er wieder vor der Höhle stand...

Die Ameisen sind da

Dass die Killerameisen jetzt fast überall auftauchten war klar, und da denkst du warum, und was passiert noch alles, und das haben der Emil, der Kaftanfreddy, die Jane, die Jenny, der Ingo 1 und der Ingo 2, der Hertenhubert und und und natürlich auch gedacht, als sie mit dem verwirrten Jokerhubert vorm Caffee beim Marktplatz saßen, und der Dreirad fuhr aufgeregt mit der Ape die Dorfstraße bergauf bergab bergauf bergab und die Kioskfrau rauchte Janus und nippte an ihrem kalten Espresso, und der Metzger verließ seinen Verkaufswagen auf dem Marktplatz und kam Richtung Caffee, und der Käsemann verließ seinen Verkaufsstand und lief Richtung Caffee, und der Fischmann schrie nicht mehr mit seinen Fischen in der rechten Hand, legte sie ab auf der Ladefläche seines Fischautos und lief Richtung Caffee, und die Gemüsefrau und und und, alle liefen Richtung Caffee, und die Touristen betraten die Kirche oder standen davor, Mittag.

Der Dreirad hatte auf einem Barhocker platzgenommen und unterhielt sich mit dem Monsignore der neben ihm stand und seinen heißen Espresso schlürfte. Dazu aßen beide einen Käse-Schinken-Toast, dabei vertieft in ein lebhaftes Gespräch mit der dicken Besitzerin der Caffeebar. Aber worum ging es? Es ging darum, dass die Morgana seit letzter Nacht spurlos verschwunden war. Ein scheinbar kurzer Gang zur Toilette, so gegen drei Uhr, und das war´s, meinte der sichtlich betroffene Monsignore. Und noch was: Die Ameisen sind da! Wo?, fragte entsetzt der Dreirad den Monsignore. Im Gewölbe unter der Kirche, da wo die beiden Doppelkopfmumien(die Mumien sind ein Anziehungspunkt für Touristen, denn wer hat schon zwei Köpfe gleichzeitig und ist dabei auch noch mittelalterliche Mumie) im Glaskasten **lagen**. Was heißt **lagen**, fragt die Dicke hinter der Bar und der Emil und der Dreirad stutzen, und der Monsignore: **Lagen** heißt, sie liegen nicht mehr im Kasten, weil sie, vermutlich auch seit letzter Nacht, verschwunden sind, jedenfalls war der Kasten heute morgen leer und: **Jede Menge Ameisen krabbeln im Keller!**

# Die Völkerwanderung und ihr denkwürdiges Ende

Nachdem sie die zerfressenen Reste der Mumien im Gemüsegarten vom Monsignore entdeckt hatten, und hinter der zerfallenen Steinmauer lag dann das abgenagte Skelett von der Morgana, vermutlich wollte sie sich nachts klammheimlich aus dem Staub machen, denn unweit ihres Skeletts lag ihre gepackte Reisetasche, vermutlich wurde sie von den Ameisen angefallen, als sie auf dem überwucherten Steinhaufen der eingestürzten Mauer war, also spätestens zu diesem Zeitpunkt verließen auch die letzten Bewohner das unheimliche süditalienische Bergdorf. Wohin sie sollten wusste keiner. Mit den wenigen Habseligkeiten nix wie weg, einfach nur weg. Der Emil und seine Freunde waren mit den Hunden, dem Dreirad und vielen anderen, nach Bibione aufgebrochen, doch als sie dort ankamen war auch Bibione bereits eine Geisterstadt. Alle, bis auf den Apotheker Giovanni, denn der hatte auf seinen Dackel gewartet (der war nämlich mit im Gebirgsdorf), und den Besitzer ihrer Lieblingspizzeria, waren vor den Killerameisen geflohen. Die Stadt und der Strand waren menschenleer...

Auch in Afrika wohnten kaum noch Menschen. Alle waren mit ihren Booten über das Mittelmeer nach Europa geflüchtet, und als sie das zerstörte menschenleere Europa sahen flüchteten sie weiter nach Russland. Dort waren inzwischen schon der Papst mit seinem gesamten Vatikan-Staat, die Bürger und Regierungen der meisten arabischen Staaten, die Islamisten, die Dschihadisten und und und, ganz Israel, alle Palistinenser, alle Ägypter, alle Tunesier, alle Libanesen, der Tattilungo und und und, ganz Afrika, der gesamte nahe Osten und und und, fast alle, und in Sibirien war ja für alle Platz genug meinte der russische Präsident, und Ameisen gab´s dort auch kaum, vermutlich zu kalt, und die Chinesen und die Inder nahmen halb Europa auf, viele flüchteten auch nach Südamerika oder nach Grönland und und und, und da waren sie dann erst einmal, und die Amis waren jetzt alle oben in Alaska, da gab´s nämlich auch keine Killerameisen...

Rom

Das große internationale Ameisenbärentreffen war streng geheim. Aber da wären die schlauen sprechenden Hunde nicht die schlauen sprechenden Hunde gewesen, wenn sie davon nicht Wind bekommen hätten, warum zuerst der kleine schwule Joschi(der Pikinese) wusste keiner, aber egal, Sherlock ist Sherlock, und das mußt du wissen, wenn ein Sherlock etwas herausfindet sollte er es besser erst einmal für sich behalten, weil sonst könnte schon der einfachste Fall(wenn es so etwas überhaupt noch gibt, denn was ist heute schon einfach) einen völlig unerwarteten chaotischen Verlauf nehmen, und das glaubst du doch selbst nicht dass der überaus neugierige geschwätzige Joschi auch nur eine Sekunde seinen Mund (besser Hundeschnauze) hätte halten können, und so wussten es bald alle und rannten nachts aus der unbeleuchteten Geisterstadt Bibione Richtung Süden, ohne zu fressen, und die schlaue sprechende amerikanische Ameisenbärin mit ihrem Jungen auf dem Rücken war auch mit dabei, denn als der große geheime Ameisenbärenaufruf in ihrem Gehirn einging, quasi geheimnisvolle supergeheime Ameisenbärenhirnmail, war sie trotzdem beim Giovanni geblieben , quasi Denker-Ameisenbären- und Dackel-solidarität und und und, und kaum waren sie völlig erschöpft und abgemagert in Rom angekommen nahmen das Chaos und der Wahnsinn ihren unkontrollierbaren Verlauf, denn auch Rom war inzwischen eine nachts unbeleuchtete Geisterstadt, kein Strom aber dafür wenigstens überall Wasser, und in den demolierten geplünderten Supermärkten gab es sogar noch genügend Dosen mit Hundefutter, die hatten die fliehenden Römer zurückgelassen, die brauchten sie wohl nicht, davon kündeten überall die herumliegenden toten Hunde, teils erschossen, teils erschlagen, teils ohne Wasser und Futter an Bäume und Straßenlaternen angeleint, aber einige Hunde hatten überlebt und streuten jetzt in der Geisterstadt umher, und die schlossen sich ohne lange zu zögern dem Jacko, dem Marc-Aurel, dem Joschi, dem Kopernikus, der Ameisenbärin mit ihrem Jungen auf dem Rücken und und und an, und die zentrale Frage lautete: **Warum können Ameisenbären sprechen???**, und jetzt kann´s losgehen...

Die schauerlichen Katakomben...

Das ist nicht eines jeden Sache in der Unterwelt alter Städte umherzuschleichen, denn so wie du da im moderigen Dunkel Schritt für Schritt ängstlich vorwärts tappst, so schleichen die Unholde, die bösen Geister, die entsetzlichsten Fressmonster und und und längst schon hinter DIR her, und du spürst schon ihren fauligen Atem im Genick, kurz bevor sie zuschnappen, und dann hilft dir garnix mehr. Die prall mit Toten gefüllten Katakomben von Rom haben da den gleichen unübertrefflichen Charme wie die Kanalisation von London, New York, Paris oder Wien, hinter jeder düsteren Ecke könnte jeden Augenblick *Jack the Ripper* mit dem großen scharfen Kaiserschnittmesser auf dich lauern um dich niederzustechen und dann genüsslich auszuweiden, und deine gellenden Schmerzensschreie hört niemand, höchstens die schwarzen verlausten riesigen Ratten, die dich später bis auf die Knochen abnagen.

Die Hunde hatten sich schnell wieder aus dem Staub gemacht, denn die Katakomben von Rom waren selbst ihnen zu jenem Zeitpunkt, als sich dort unten die Weltelite aller Ameisenbären zum Geheimtreffen eingefunden hatte, viel zu unheimlich, nicht so der Emil und der Giovanni, der kannte sich nämlich dort unten bestens aus, also der Giovanni schlich vorweg und der Emil immer hinterher, bis sie in einer spärlich beleuchteten halb verfallenen unterirdischen Halle die Stimmen hörten, und nicht gerade leise, also volle Sherlock-Deckung in der halboffenen Gruft hinter der zerbrochenen Steinplatte zwischen den Knochen und Totenschädeln, *dddder dddavoane kklaappppat gglaubich sogga nnoch mitte Zzähne, siehsse dat auch Jovanni*, *Nee Emil iste totale Schwachesinne*, flüsterte der Giovanni zum Emil zurück.

Und jetzt was passiert mit den beiden neugierigen Sherlocks im Knochenkeller, und das musst du wissen, Knochen ist niemals gleich Knochen wenn der schlaue Ameisenbär in der Gruft umherschleicht weil er die Witterung von zwei Sherlock-Angsthasen aufgenommen hat, denn wenn einer die kleinen Ameisen kilometerweit, dann kannst du dir vorstellen wie weit er den Angstschweiß von zwei Sherlocks riecht, und genau so war es, als nämlich der Emil mit der Cam und der Giovanni mit dem Smart, da kam die sechzig Zentimeter lange klebrige Ameisenbärenschnalzzunge von hinten an ihr Ohr, quasi *ätsch angeschmiert da kucksse alte doofe Sherlocks, alte doofe Schwachköpfe in de Knochekiste wa*, und wer saß jetzt neben der muffigen Tumba, klar oder, natürlich die schlaue amerikanische Ameisenbärin mit ihrem schlauen pelzigen Jungen auf dem Rücken, und die schlauen kleinen sprechenden Ameisenbärenflöhe hüpften auf ihrem Rücken quietschfidel auf und nieder, so freuten sie sich, und was glaubst du wie da der Emil und der Giovanni aus der Gruft gehüpft sind dass sie ganz laut mit ihren Köpfen zusammengeknallt sind, alter Schwede, also ich, und ruck zuck waren sie dann von der ganzen internationalen Ameisenbärenhorde umringt, und alle quatschten laut durcheinander das es gar schauerlich durch die Katakomben hallte, und wie auf ein geheimes Zeichen verschwanden die Ameisenbären in alle Richtungen und ließen die zwei Sherlocks einfach im Dunkeln stehen, und ob du es glaubst oder nicht, plötzlich gab es einen lauten Knall und die Daisy stand hinter den beiden Sherlocks und hatte wieder ihren alten vollen Schulbusunfall-Joker, und jetzt kann´s losgehen...

Wat mutt dat mutt...

Jetzt was ist passiert nachdem die Ameisenbären in/aus den Katakomben von Rom verschwunden und wenig später auf der ganzen Welt die bösen Killerameisen verschwunden sind?

    Also pass auf! Der Ameisenbär war bei einigen längst untergegangenen hoch entwickelten Völkern in Südamerika, da gibt es heute nur noch vom Urwald total überwucherte Ruinen, von einigen geheimnisvollen Völkern hat man bisher noch garnix gefunden, vielleicht Außerirdische, Raumfahrer, Götter und und und, also bei diesen hoch entwickelten Völkern war der Ameisenbär ein Gott, konnte immer schon sprechen, und war daher heilig, und ob du es glaubst oder nicht, die bösen Killerameisen gab es damals auch schon, und die waren auch hochgradig intelligent, ob die auch sprechen konnten weiß heute keiner mehr, aber die sollen Außerirdische gewesen sein, oder

Außerirdische im Körper gehabt haben und und und, und die sollen aus einem Paralleluniversum gekommen sein, meinten damals die hoch entwickelten Urwaldmenschen, quasi Hölle und und und, soweit man deren Schrift schon entziffern konnte, und wenn die Killerameisen kommen, meinten die...dann ist der Weltuntergang ganz nahe, und nur der Ameisenbär kann eventuell noch helfen, und so wie es aussieht...kam die Hilfe vom Ameisenbären bei diesen Völkern damals wohl zu spät. So.

Und wie ging es mit dem Emil, dem Giovanni, der Daisy, den sprechenden Hunden, dem Rostockringo, dem Hertenhubert, dem Kaftanfreddy, dem Tattilungo, den Dschihadisten, den Denkern, den Nichtdenkern, den Betschwestern, den einarmigen Banditen, den Brokern, den Jokern, den Islamisten, den Mekkaisten, den Moscheeisten, den Anarchisten, den Kommunisten, den Orthodoxisten, den Siedleristen, den Antichristen, den Christen, den Buddhisten, den Donaldisten, den Flaschbierkisten und und und, weiter? Gute Frage.

Also pass auf! Die Ameisenbären

waren tatsächlich genau diese alten Götter von damals aus dem Dschungel. Und die Killerameisen waren aus der kosmischen Unterwelt, quasi Paralleluniversum Hölle Teufel Dämonen Friedhofsgeister Auferstandene und gleich wieder Verdammte von neunundsechzig Puffnutten nach dem Selbstmordanschlag abgeholte und und und. Klar, oder? Und ob du es glaubst oder nicht, der Tattilungo hat es als erster entdeckt. Was entdeckt, der Tattilungo, Fifaskandalonkel, Drogenonkel, Blutdiamanten- und Golddiebonkel, Ausbeutungs- und Wahlbetrugsonkel, Kriegs-und Bürgerkriegsonkel und und und, der hat? Ganz genau, der hat während der geilen Jenseitstrance mit seiner Zauberschwester die Ameisenbärengöttervision gehabt. So. Und das hat er dann gegen ein bisschen Bakschisch, quasi wie damals bei der Fifa, die Fifa gibt es ja nicht mehr, weil keiner mehr Fußball guckt, also kaum war das Bakschisch da, schon hat er seine Vision dem russischen dem amerikanischen dem indischen dem chinesischen dem Fidschi-insulanischen und und und

Präsidenten verraten, und ob du es glaubst oder nicht, alle haben dannach gleich große Ameisenbärenstatuen gebaut, die wurden dann überall aufgestellt, und alle vielen sie danach vom Glauben ab, nur die Buddhisten nicht, und beteten ab dem Zeitpunkt nur noch zum Ameisenbären, außer die Atheisten und die Donaldisten und und und, die natürlich nicht, und Mekka und Jerusalem und Rom und New York und und und waren ja jetzt Ruinenstädte, da wollte sowieso niemand mehr hin, und der Papst von Rom hatte kürzlich sein erstes und echtes *Comming out und* lebt jetzt mit dem Bruder vom Tattilungo, der kam nämlich kürzlich auch raus, in Sibirien auf dem Land, Wahnsinn oder, und nix ist mehr wie früher, lauter moderne Agrargesellschaften die den Ameisenbären anbeten, Wahnsinn oder, und die Russen und die Chinesen und die Inder und die Brasilianer und und und sind jetzt Weltmächte, und die Amis wollen nie wieder zurück und bleiben alle in Alaska, Holzfäller, Fischfänger, Goldgräber und und und, Wahnsinn oder?

Und jetzt pass auf, noch was, wichtigste Frage/wichtigste Anwort: Warum können Ameisenbären sprechen??? Antwort: Weil sie die guten nanokleinen Veganossi in ihrem göttlichen Schädel haben, und die haben vermutlich auch die bösen Veganossi(denn mit einem Joker läuft seitdem niemand mehr rum, außer die Daisy, aber das hat ja andere Gründe) und die Jenseitsameisen von der Erde wieder verscheucht, aber ganz genau weiß das niemand, denn die sprechenden Ameisenbären sind verschwunden bzw. die Ameisenbären (Zoo, Brasilien, und und und) sprechen nicht mehr...

Irgendwann kehrte alles zurück. Waren es ein oder zwei Jahre, vielleicht auch fünf. Wer kann das schon genau sagen?

Die Spanier könnten die Ersten gewesen sein. Vermutlich schon gleich nach dem spurlosen Verschwinden der sprechenden Ameisenbären und der Killerameisen. Auch die Mekkapilger waren schon bald wieder da. Keiner hatte mehr einen Joker, die Stadt und das Land füllten sich wie von Geisterhand gelenkt, und so ging es auch den anderen alten Städten und Ländern, Jerusalem, Bagdad, Rom und und und, einige Länder waren ja von der Ameisenplage auch vollständig verschont geblieben, und ob du es glaubst oder nicht, der Papst war auch wieder in Rom, wieder solo, weil den Bruder vom Tattilungo hatte er in Sibirien gelassen, weil der vom vielen Vodka-Saufen immer so erbärmlich stank (behauptete die einschlägige Presse, die war nämlich auch schnell wieder da), da blieb der Tattilungobruder aber nicht lange, denn der Tattilungo holte ihn mit dem Privat-Jet ab, der brauchte nämlich einen neuen General, der den stark bewaffneten Antitattilungos im Land den Garaus machte, und da war der Tattilungobruder natürlich genau der Richtige, denn es gab wohl kaum einen in ganz Sibirien, der so brutal ein Hausschwein abstechen konnte wie der Bruder vom Tattilungo...

Kurzum, es dauerte kein Jahr nach dem Verschwinden der Killerameisen und der sprechenden Ameisenbären, da war auf dem Planeten Erde alles wieder beim alten, eher noch schlimmer als vorher. Die überall aufgestellten Ameisenbärenstatuen wurden bald beseitigt, denn an sprechende Ameisenbären dachte und glaubte niemand mehr, die alten Religionen kehrten zurück.

Und der jährliche Bibione-Urlaub fand auch wieder regelmäßig statt, eher noch häufiger als früher...

Jahre später(nach dem Wiederaufbau)

Der Hertenhubert hat schon telefoniert. Und alle kommen. Auch aus Italien. Auch diesmal ist das Herbsttreffen wieder im Saal der Stammkneipe vom Hertenhubert und vom Willi weil so viele kommen. Ich sag nur: Bibione! Die dicke Hannelore lebt noch und wiegt inzwischen wesentlich mehr als hundertsiebzig Kilo(Vielleicht 270, keine Ahnung), und der Max bestimmt auch, und die Hannelore und der Max sind immer noch die Wirte(Zitat Hannelore: *Gets hömma Hubbat, Rente, wat is dat, da wiersse doch nur blöd von inne Birne*), und die haben wie immer alles schön vorbereitet, also das Spanferkel am Grill und dreht sich, und der Riesentruthahn am Grill dreht sich, und besoffene Gäste sitzen am Stammtisch und keiner fällt vom Stuhl, Kalte Platten, Warme Platten, Alles, und der Beamer hängt im Saal von der Decke und beamt schon, und die riesige Leinwand, und dann trinken alle erst einmal zwei bis zehn Begrüßungskorn und fünf bis zwanzig Begrüßungspils an der Theke, und dazu raucht jeder die dicke Zigarre (und Horst erzählt von seiner neuen Freundin und von seiner Schiffsreise mit ihr, und wie das Schiff sank: *Getz pass mal auf. Du liechs inn Urlaub, ich mein ich bin ja meist in Osnabrück, oda mal hier, oder öfters auch mal inn Sauerland, als inne Kariebik, aber nehmen wa dat mal an. Du liechs inn Urlaub inne Kariebik ann Strand. So. Un getz kommt dat. Du liechs da schon seit fünf Stunden mit sonne geile Alte, hasse da kennengelernt, also imma mal Baden oda kurz mal anne Bar aufn Drink. So. Un dann kommt man irgendwie mitten inne Unterhaltung auf dat Alter zu sprechen, un sie sacht vierundzwanzig un meint, dat du ers 42 wärs, so wie du aussiehs un wie du drauf bis, un denn sachs du zu ihr, nachdem du deinn doppelten Lumumba auf einn Zuch leergezogen has, Sechzich. Denn is doch sofort mal Schicht inn Schacht, oda wat meins du denn. Denn siehse nur noch wie die Alte doof kuckt, und denn springt die*

Alte sofort von ihrn Barhocker auf un holt ihr Badetuch un sacht no nich mal Tschüss...

Und inne Mitte entspringt ein Fluss, kennsse ja, der Film, wo der eine schon üba 80 is un da immer noch mit seine Angel im Wasser steht un is am Fischen. Also so ähnlich hab ich mich nämlich neulich auffe A 47 auch gefühlt, als dat mit meine Bandscheiben losging. Ers stundenlang imma stop and go, un denn anne Raststätte zum Tanken bin ich bald nich mehr aus dat Auto rausgekommen, so weh hat dat getan, un fast kein Gefühl mehr inn rechten Fuß. Meinn Hausarzt hat denn später gemeint abnehmen, abba der macht immer sonne Scherze, dat kenn wa ja schon. Ich hab ja lange als Metzger gearbeitet, vielleicht kommt dat daher, dat geht ja auch aufn Rücken, oda wat meint ihr.

Horst, erzäl do maa von deine neue Freundin, wo hasse denn die schon wieda kennen gelernt?

Getz hört euch do mal der Klaus-Dieter an, wat der wieda allet wissen will. Nachts laut auffe Toilette vor Schmerzen bein

Pinkeln pfeiffen. Kennse ja. Prostata.

Un denn andere nache neue Freundin fragen. Da siehse wieda. Dat sind die Dortmund Fans. Keinn Schwanz mehr inne Hose, abba aufn Platz laut rumschreien.

Neulich habbich ja au wieda wat gelesen. Da beschwert sich der Westerwelle beie Kanzlerin, dat die zu wenich fürre Homoehe tut. Und denn genau eine Seite weita berichten se dann in sonne bundesweite Studie, dat 98 Prozent von alle Frauen die no wat machen den Analverkehr garnich oda nich richtich genießen können. Dat is ja bei die Schwulen bestimmt aunich viel anders. Und denn hammse neulich im Fernsehen zwei so Irre gebracht. Da hat er dat wohl bei ihr zwei Mal versucht und dat hat dann nich geklappt. Sie meinte denn später noch, dat dat wohl daran gelegen haben könnte, dat se dat Gleitmittel vergessen hatten, aber sie wolln dat wohl noch paar Mal probieren, hat er dann gesacht, bis dat dat klappt. Dat scheint wohl grade bei die jungen Leute immer mehr der Trend zu werden, dat se alle nur noch

Analverkehr haben wollen. Da brauchsse dich doch garnich zu wundern, wenn dat dann immer weniger Kinder bei uns gibt, und dat dadurch die Rente immer unsicherer wird is do garkein Wunder. Dat kannsse ja mitn kleinn Einmaleins schon ausrechnen, abba dat könn die meisten jungen Leute ja heute aunich mehr. Und eins is sowieso ganz klar, datte von den vielen Analverkehr irgendwann krank wiers, und denn musse dich nämlich nich wundern wennsse Würmer inne Harnröhre und inne Blase hass, dat is do ganz klar.

Getz pass mal auf. Die Roswitha. 55 Lenze. Dat is unsere Nachbarin. Die hat sich neulich inne Klinik den ganzen Unterleib rausnehmen lassen, un beide Brüste au gleich mit wech. So. Dat is quasi, du hass ne Ölheizung inn Keller, un die lässe rausmachen, un denn au no alle Heizkörper inn Haus au gleich mit wech, un danach heizsse wieda mit Einzelöfen mit Holz un mit Eierkohlen. Wennsse vergleichs, genau so is dat nämlich. Un getz, quasi nach den ganzen Scheiß inne Klinik, ham se beie Roswitha Leber- un

Lungenkrebs festgestellt. Sowat muss man sich mal reinziehen. Wat meinsse, wat die getz blöd kuckt, dat glaubsse abba.

Abba dat gibt ja noch viel schlimmere Dinger, au wenn man dat kaum glauben kann, wat meint ihr wat ich neulich erlebt hab, ich mein der Klaus-Dieter wollte dat ja eben unbedingt wissen, und dat hadda getz davon. Also ich neulich mitte neue Freundin so richtig zu gange, ich mein die hat ja au mal eben ihren Achtundfünfzigsten gefeiert, also wir immer mehr un voll zu gange, auf einmal kricht die voll den Blutsturz, quasi ausse Mitte entspringt ein Fluss, wie der Angeloppa in den Film, ich natürlich sofort dat ganze Bettlaken rausgerissen un bei ihr voll zwischen die Beine gedrückt, kennsse ja noch ausse Erste Hilfe fürn Führerschein, quasi Wichtigste zuerst Blutung stoppen un erst dann langsam mal weiterkucken, hat aber nix mehr gebracht, zu spät, un die Matratze konnte ich danach au gleich mit wechschmeißen, sowat musse dich mal vorstellen.

A so, no wat. Dat hat mich

neulich auch total irritiert, dat sind nämlich die Rillen vonne Winterreifen, dat Profil und wie dat angeordnet is, ich mein gets nich dat die schon total runter sind, sondern ganz normal, und gets kommt dat nämlich, mit die eine Marke drehsse dich immer nur links rum, wennse auffe Straße int Schleudern komms, und mit die andere Marke immer nur rechts rum, is dat nich merkwürdig, dat is fast genau so wie bein Fussball, die einn wern bald jedes Jahr Meister, un die anderen können machen wat se wollen, dat bleibt immer der selbe Mist.

Neulich hat mich einer gefracht, wie dat so inn Sauerland is, weil ich da schon so oft gewesen bin, und da konnt ich dem nur antworten alles voller Käsköppe und lauter Russen und jede Menge Italiener, da machsse ja eigentlich bald schon garnich mehr hinfahren.

Abba getz nomma, die Anita, dat is die neue Freundin. Also von den Blutsturz hat se sich gut von erholt, un ihr Frauenarzt sacht auch dat die Regel auch bei ältere Frauen nomal vorkommen kann, ohne dat man sich beim Liebesspiel denn allzuviele Sorgen machen muss, brauchsse ja nur mal in Italien kucken, oda Brasilien, da gibtet dat ja auch, dat da lauter alte Leihmütter rummrennen, die müssen ja au no die Tage ham, sonst geht dat do garnich.

Ja Horst, getz pass do maa auf, dat Wichtichsse hasse uns ja die ganze Zeit verschwien, abba da brauchsse dir gakkeine Soorn zu machen, wir krien dat nämmich allet raus.

Wat has du denn getz schon wieda, meinsse etwa die Mittelmeer Kreuzfahrt, oda wat. Dat eine kann ich euch gleich sagen. Wennsse in den Alter mit de neue Freundin sonne Mittelmeer Kreuzfahrt machs, denn is dat no lange keine Hochzeitsreise, dat müssta euch alle mal merken, un is ja sowieso erst inn Herbst, da kann no soviel passieren. Dat wollt ihr alle garnich wissen, wat wir allet auffe Mittelmeerkreuzfahrt erlebt ham, dat war fast so, als wennsse auffe junge Katze drauftritts un wie die sich denn fühlt, un getz stell dir mal unsere Katzen vor wenn ich aufn Hof komm. Da is gleich Ruhe. So is dat.

Dat ging schon los mit die eine junge Frau auffe Liege ann Swimmingpool, ich hätte dat ja garnich gesehen wenn dat die Anita nich gesacht hätte, quasi kummal Horst da vorne, dat hasse bestimmt au no nich gesehen, un tatsächlich, war untere Liege die große Laache und dat Bikinihöschen sah an eine Stelle dunkler aus, hat die alte Sau do glatt einfach der ganze Urin auffe Liege abgelassen wie sonne alte Ölheizung bei Überdruck, un denn hat die dat natürlich glei mitgekricht dat ich da so hinkuck, un denn lächelt die mich an wien Pavian, densse inn Zoo ne dicke Küchenzwiebel inn Käfich reingeworfen hass, kennsse doch, denn wern die do immer so geil, un denn springt die Alte auf un ab inn Pool, un danach kommt die dicke Omma mit ihrn geblümten Einteilerbadeanzuch von 1936 an, un leecht sich voll auffe nasse Liege, sowat müssta euch mal vorstellen.

Ja Horst, da hättsse do gleich maa die Initiative ergreifen müssen. Dat is do genau deine

Kraanweite.

Wie meinnse dat denn getz schon wieda? Meinnse die Junge?

Nee Horst. Natürlich die Omma.

Dat du auf sowat Altet stehs, Klaus-Dieter, dat wissen wa ja alle, uralte Hauskatze, keine Freundin, jeden Abend inne Stammkneipe, nix mehr vertragen können un immer als Erster na Hause, selbs an Silvesta, un sämtliche Finga an beide Hände schon ganz krumm, dat wissta ja alle von wat sowat herkommt. Dat is ja genau so als wennse n jungen Flitzebogen mittn Wurmholz vergleichen tätest, abba ich flitz ja heute au nich mehr überall rum, abba verglichen mit dir is dat bei mir schonno so, un deswegen kriss nämlich du die Omma.

Abba getz mal weita. Da habt ihr alle gar keine Ahnung von, wie dat auf sonne Kreuzfahrt abends so abläuft.

Getz ers mal dat Animationsprogramm, bevor dat Essen kommt, un denn während dat Essen geht dat immer no weiter. Also da kommen welche in sonne griechische Bauerntracht oda wie man dat nennt auffe Bühne gerannt, wie wennse überhaupt keine Zeit hätten, irgendwo inne Ecke sitzt au ne Musikkapelle, die krisse abba zuers garnich so mit bis dat der dicke Sänger dat Mikrofon inne Hand hält un plötzlich ganz laut anfängt wie sonne frisch kastrierte Katze zu jaulen wo bein Tierarzt nache Kastration die Narkose zu früh aufgehört hat zu wirken, kennsse doch dat Gejaule, ich mein bei uns machen wa dat ja allet selber, da brauchen wa keinn teuern Tierarzt für, da heißt dat nur komm mal ganz lansam rückwärts auffe Bühne und schon sind wa feddich, darfsse bloß nich n Finger zwischenhalten, dat kann ganz schön weh tun, also der dicke Sänger jault wie sonne halb tote Katze, angeblich griechische Volksmusik von Kreta, un getz siehsse auch die Jungs vonne Kapelle, die rennen nämlich getz alle um den Dicken rum während der immer no lauter jault un spielen auf ihre Instrumente, währnd wir uns der Hummer reindübbeln, dat wollte die Anita schon die ganze Zeit unbedingt mal essen.

Ja Horst, wat hat denn dann die Anita gesacht, als du ihr da den

Humma gekauft hass.

Ja viel gesacht hat se da nich, eher ganz wenig, weil wenn ihr den gerochen hättet, denn hättet ihr jeder ers mal vier doppelte Ouso vorher gebraucht, bevor dat mit dat Essen bei euch überhaupt ers mal losgegangen wär, die Isländer ham dat ja auch so gerne, zum Beispiel an Weihnachten, da ziehn die sich denn sonn uralten Fisch rein den se extra in sonne Plastikmülltonne reinschmeißen un denn vergramse die mindestens fürn halbes Jahr inne Erde, un ann heiligen Abend holnse die Tonne mit den verfaulten Fisch wieda raus, un dat is denn an Weihnachten dat Hauptmenü, musse natürlich viel starken Korn dazu trinken sons fällsse ja allein schon von den Geruch nachn erstn Bissen glei tot um, un getz müssta euch mal der Hummer auf dat griechische Kreuzfahrschiff vorstellen, fast genau dat Gleiche wie isländische Weihnachten, also ich würd vonn Geruch her sagen dat der Hummer auch ausse Mülltonne war, woa mindestens schonn Monat drinnlach, wenn nich no länga, also nachn ersten Bissen ging dat sofort ab auffe Toilette, abba die Anita hat den verfaulten Humma irgendwie schlechter vatragen als ich, vielleicht war dat deshalb weil se sich aunoch sonne große Portion vonne Beilagen reingehauen hat, dat hab ich nämlich nich gemacht, vielleicht hatse auch dat viele Ousotrinken nich so vertragen, ich mein Doppelkorn hattn se mämlich keinn, ich hab extra dreimal nachgefracht.

Dat bringt denn natürlich nix, wennsse den ganzen Abend denn nur auffe Toilette renns, also isse denn besser glei inne Kabine gegangen, un ich hab ja nix gehabt außer Durst, Tanzen hab ich sowieso schon imma Scheiße gefunden, also ab anne Bar, un getz dürfta mal raten, wer sich denn sofort, kaum dat ich dat Pils inne Hand hielt, neben mich gesetzt hat, ganz genau, die geile Alte die auffe Liege gepinkelt hat un ihre Mutter(ungefähr in meinn Alter), die Mutta is abba Gott sei Dank schon nachn drittn Beefiftitu in ihre Kajütte vaschwundn, un ich denn mitte Tochta fleißich weita einn

Beefiftitu nachn andan, irgendwann hattse auch gesacht dat se Steffi heißt, un weiße ja wie dat geht, irgendwann kommt denn dat Rumgeknutsche, un denn sind wa irgendwann in ihre Kajüüte gelandet, Gottseidank dat die Mutta ne eigene gehabt hat. Bovor se sich denn ausgezogen hat kam se mit sonne Packung ausn Sexshop an, Sexanorma hießen die dicken gelben Dinger, die wärn fürre Potenz, hattse gemeint, musse zwei Tabletten von nehmen, die sind zehn Mal besser wie Viagra un die wirken sofort, hattse gemeint, ich mein dat musse dich ja mal vorstellen, sonn Zeuch, ich ess ja auch keine Hunde un Katzen, un denn kommt die Alte mit sowat daher, da hasse zu Hause no nimmal n aufblasbaren Messdiener inne Schublade liegen, un denn kommt die geile Alte mit sonn Zeuch daher.

Wennsse üba fümunvierzich Jahre inne Möbelfabrik bis, denn kennsse dich ja sonn bisken mit Sowat aus, un bei uns konntesse ja schon mit knapp vierzehn inne Möbelfabrik sein, weil wir ja die beiden Kurzschuljahre hatten, un denn kannsse dich dat ja vorstellen, wat man da allet so sieht auf sonn griechischen Dampfer, die ganze Verarbeitung un dat allet.

Ja Horst, getz erzähl uns doch maa, watte mitte Steffi alles angestellt hass. Hasse nich vorher eersmaa bein Oba Kaviar und ne fette Pulle Schampus geordat?

Du glaubs au imma no ann Weihnachtsmann, Klaus-Dieter. Ihr habt ja alle gackeine Ahnung, wat da inne Nacht no allet los war. Der Hubbert kuckt mich getz au schon wieda so an wien Bauarbeiter mit ne leere Bierpulle inne Hand. Ich bestell getz eers mal no ne Runde. Hannelore!: drei Kräuter, einn Jäger, unn zwei Fruchtzwerge, un getz eers mal Prost, bevor dat weitageht.

Getz passt ihr mal auf, dat is nämlich allet ganz einfach, wenn nix passiert is. Die dicken Gelben ham namlich total falsch gewirkt, wat weiß ich, vielleicht war dat au wegn die vielen Beefititu mit dabei, keine Ahnung, auf jen Fall binich aufn Gang aufgewacht inne völlich falsche Etage, abba voll wat an, soweit ich dat aufn ersten Blick in dat Dämmerlicht erkennen konnte, weil soviel wusste ich nämlich schon no wo die Kemmenate vonne Steffi war, un vorre Tür vonne Anita lach ich nämlich au nioh inn Flur aufn Fussbodn. Dat war ja au völlich egal, allet no dran, dat Portmannee un allet no da, bisken no n dicken Kopp, dat war allet, also Aufstehen un sofort kucken wo ich überhaupt war. A so, nowat. Wat total merkwürdich war, dat dat Schiff so komisch schräch lach, un dat ich ne Schwimmweste anhatte, auf jeen Fall war ich wohl ne ganze schöne Zeit wechgetretn, un auf jeen Fall stimmte wat nich, soviel stand fest. Onkel Jupp sachte imma, wennsse von Dach fälls bisse tot, un genau dat Gefühl hatte ich nämlich, als ich den besoffenen Stuart mit ne angezündete Kerze inne linke Hand ankommen sah, weil dat Licht war nämlich inzwischen ausgefallen un ne Notbeleuchtung hatten se wohl nich oder ging nich. Ich natürlich sofort gefraacht warum ich ne Schwimmweste anhätte, abba der konnte kein Englisch un nix, nur Griechisch, abba mit Hände un Füße, soweit dat noch ging weil der ja so besoffen war, hatta mir denn klar gemacht, dat dat Schiff grade sinkt un dat alle Rettungsboote un Flöze schon wech wärn, un wir wärn wohl so ziemlich die Letzten, soweit ich dat verstanden hatte. Sowat baut einn natürlich total auf wennsse grade mitn dickn Kopp aufn Flurfussboden aufgewacht bis. Na gut, dat Meer war mindestens no zwanzig Grad warm oda no mehr, abba die Gegend wo wir warn, dat konntesse sehn als wa endlich obn warn, war vonne nächste Insel mindestens no zwanzig Kilometer wech wenn ni no mehr.

Wie schnell dat sonn griechisches Kreuzfahrschiff sinkt, dat glaubt man garnich, nommal einmal dicken Qualm ausn Schornstein, un denn die dicken Wellen, un denn is die Kreuzfahrt vobei, un du schwimms mit deine Schwimmweste in Dunkeln, aso Sterne unn halben Mond siehsse auno wennsse na oben kucks, abba da musse schon ganz schön romantisch sein, wennsse dat in sonne Situation machs, un getz kummal davorne, da schwamm do eben noch der besoffene Stuart, un getz is der wech, un denn denkse natürlich gleich wie Klasse dat dat is, dadet hier wohl auno Haie gibt, weil wat soll dat denn sonst wohl eben gewesen sein, etwa dat der Stuart inn Wasser besoffen eingeschlafen is oda wat. Mich hammse ja soschnell gerettet, dat ich mir vorher bein Schwimmen mitte Schwimmweste nonimmal ne Zigarette anzünden konnte, die steckten nämlich oben inne linke Innentasche vonne Jacke, un ich die Zigarette schon inn Mund gesteckt, un dat Feuerzeuch steckte beie Zigaretten mit drin un beidet no total trocken, sowat müssta euch mal vorstellen, also mitte rechte Hand allet rausgefummelt un dat Feuerzeuch au schön übere Schwimmweste halten dat dat bloß nino nass wierd, un denn hasse der Fünftausendwattscheinwerfer voll inne Augen un denn ziehnse dich au schon rein in sonn alten Holzfischkutter, un natürlich promt dat Feuerzeuch un die Zigaretten wech, wohl bein Reinziehn beidet rausgefallen.

Un wat sach ich, kaum sitz ich auf den Fischkutter zwischen lauta

Schwatte, alle inne Decke oda in sonne Folie eingehüllt, kennsse doch, sowat habbich zuhause au inn Auto in meinn Vabandskasten drin, also kaum sitzich da mit meine Schwimmweste an so zwischen, kommt dat große Polizeiboot an un hält direkt neben den Kutta, un getz wußte ich au dat dat allet Italiener warn un die ganzen Schwattn warn wohl allet grade gerettete Bootpiepel, so nennse die do immer wennse wieda wat über die inn Fernsehen bringen, also wir denn alle auf dat große Polizeiboot rübba, da saßen se auch schon rum mit Frauen un Kinda dabei un alle inne Decke, un denn gab dat ersmal warme Getränke, un mit mein bisken Italienisch, sowat lernsse ja wennsse in Italien imma auffe Möbelmessen bis, konnte ich denn den einn Karabenieri sogga au no ne Zigrette abschnorren, un wie ich die denn geraucht hatte, da wusste ich ersmal so richtich, daddich getz gerettet war, sowat könnt ihr euch alle gannich so richtich vorstellen wie dat is...).

Und ob du es glaubst oder nicht, der Emil hat noch eine

Kopie vom Camfilm, und die wird auch gezeigt, und die Digitalfotos vom Hertenhubert und vom Willi und vom Ingo 1 usw., Beamer!, und das Motto lautet kräftig trinken und essen, und alle rufen immer wieder: Und das hab ich ja auch noch nicht gesehen, und das ist ja toll, und zeig doch noch mal das von vorher, quasi den ganzen Abend, und nach Mitternacht läuft dann der Camfilm vom Emil.

Und jetzt pass auf! Genau zwanzig Minuten. Und der Emil schaut gleich auf die Uhr. Und der Beamer flackert. Und dann hört man unheimliche Knurr- und Grunzgeräusche. Und dann geht das Licht an und aus. Und der Hertenhubert ist total entsetzt und der Willi und alle. Der Strom im Saal ist total ausgefallen, aber die Gaststube hat noch Licht. Alter Schwede! Da stehen die dicke Hannelore und der dicke Max hinter der Theke, und beide haben den vollen *Joker*, also ich, und dann tanzt die Wirtin den *Veits*, und der Wirt tanzt auch den *Veits*, aber nur rechts herum, und noch schneller als die Wirtin, und irgendwann haben alle den vollen *Joker* und tanzen den *Veitstanz*.

Und jetzt lautet das Motto nix wie rein mit dem Korn, und immer rein mit dem Pils, und noch eins und noch mehr, bis alle total besoffen sind, und die Musikbox dudelt volle Lautstärke und rumtata und bumsvallera, und alle hören jede Menge Flüsterstimmen im Kopf, und die Daisy sieht aus wie frisch nach dem Schulbusunfall, und der Hubert ist total entsetzt und hört lautes Flüstern im Kopf, und der Rostock läuft laut grölend durch die Kneipe und eins zwei eins zwei und hoch den rechten Arm und drei vier und grölt das *Horst Wessels*, dass die Jenny fast schon vor Schreck umfällt, und fünf sechs, und die Jenny auch den vollen *Joker*, aber sieben acht, sie hört keine Stimmen im Kopf, also, die Veganossi sind wieder da, der Camfilm!, die haben sich nanoklein im digitalen Emilfilm versteckt.

Die gotische Bluesrockparty endet diesmal noch nicht im Morgengrauen. Der riesige Flüssiggastank an der Rückseite des Gasthofs wird auch nicht zum Problem. Günstiger wird das Gas vorm Winter nicht mehr, hat die Hannelore zum Max gesagt. Und der

Max gleich: Vollmachen! So. Der prallvolle Tank explodiert nämlich nicht und bläst den Gasthof weg. Bis auf die Grundmauern, berichtet das Fernsehen und schreiben die Zeitungen. Und Dutzende Verletzte. Nein! Diesmal kam der Selbstmordattentäter. Die wüsten Söhne aus der Wüste. Dschihadisten. Flaschbierkisten. Islamisten und und und, quasi alles beim alten, nix gelernt von den Ameisenbären den Ameisen den Veganossi und und und, und den hat nämlich der Bruder vom Tattilungo geschickt, kennst du doch, Dornröschen, nicht eingeladene Hexe und und und, und weil die den Tattilungo nicht eingeladen haben, den Papst und und und übrigens auch nicht, deswegen war der Tattilungo nämlich stinksauer, quasi nur Bürgerkrieg und keine Kohle mehr, und dann auch noch nicht mal mehr zur Bibioneparty eingeladen werden: Da gibt es nur eins: Dschihad und Selbstmordanschlag! Klar, oder?

Und jetzt kommt´ s. Die Kripo! Die sucht einen einarmigen Fremden. Brandstiftung? Und noch was! Der Explosionsknall. Der hat den *Joker* und die Flüsterstimmen wieder verscheucht. Die sind jetzt bei allen verschwunden.

Und im nächsten Jahr? Der Urlaub steht unter keinem guten Stern. Jetzt überleg mal was bei denen vorher schon alles passiert ist. Kein Problem? Klar, du sagst wie oft ist wichtig, aber jetzt wart mal, also der Emil, mindestens einunddreißig Mal Urlaub in Bibione, nicht nur paar Tage, das bringt nämlich gar nichts...

Epilog

Alte Inschrift an einer Ruine im brasilianischen Dschungel:

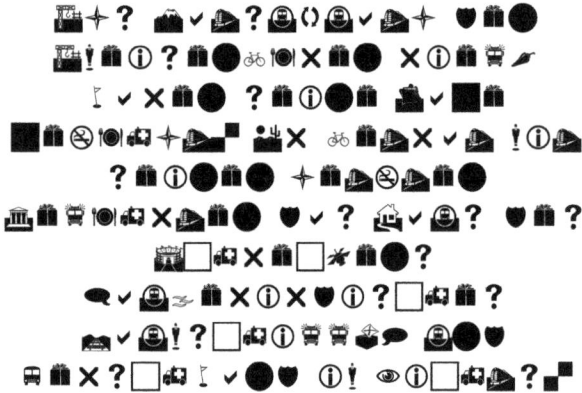

Vorläufige Übersetzung:

Als Matsuquatl den Ameisenbären rief, waren seine Tage gezählt. Er betrat mit seinen letzten Gefährten das Haus des Schreckens (außerirdisches Raumschiff?) und verschwand im Nichts.